SCHRIFTEN DES BETRIEBS-BERATERS

HEFT 47

Die Betriebsaufspaltung nach Handels- und Steuerrecht

von

Dr. GERHARD BRANDMÜLLER

Rechtsanwalt, Fachanwalt für Steuerrecht

Starnberg

3., neubearbeitete und erweiterte Auflage 1978

VERLAGSGESELLSCHAFT RECHT UND WIRTSCHAFT MBH
HEIDELBERG

1. Auflage 1973
2. Auflage 1975
3. Auflage 1978

CIP-Kurztitelaufnahme der Deutschen Bibliothek

Brandmüller, Gerhard

Die Betriebsaufspaltung nach Handels- und Steuerrecht.
— 3., neubearb. u. erw. Aufl. — Heidelberg : Verlagsgesellschaft Recht und Wirtschaft, 1978.
(Schriften des Betriebs-Beraters ; H. 47)
ISBN 3-8005-6249-9

ISBN 3-8005-6249-9

© 1978 Verlagsgesellschaft Recht und Wirtschaft mbH, Heidelberg

Alle Rechte, insbesondere das Recht der Vervielfältigung und Verbreitung sowie der Übersetzung, vorbehalten. Kein Teil des Werkes darf in irgendeiner Form (Druck, Fotokopie, Mikrofilm oder ein anderes Verfahren) ohne schriftliche Genehmigung des Verlages reproduziert oder unter Verwendung elektronischer Systeme verarbeitet, vervielfältigt oder verbreitet werden.

Gesamtherstellung: Buch- und Offsetdruckerei Decker & Wilhelm, 6056 Heusenstamm

Printed in Germany

VORWORT

Die Betriebsaufspaltung, bei der ein einheitliches Unternehmen in zwei oder mehr rechtlich selbständige Unternehmen aufgespalten wird, ist heute handels- und steuerrechtlich anerkannt. Es bestehen aber in wichtigen Detailfragen zum Teil konträre Auffassungen in Rechtsprechung, Verwaltung und Literatur.

In steuerlicher Hinsicht hat der Beschluß des Großen Senats des BFH vom 8. 11. 1971[1] zwar die Anerkennung der Betriebsaufspaltung bestätigt, aber neue Fragen aufgeworfen und viele Punkte offengelassen. Daß trotz dieser Unsicherheiten Betriebsaufspaltungen bei Unternehmen jeder Größenordnung erfolgen, zeigt, daß in der Wirtschaft ein echtes Bedürfnis nach dieser gesetzlich nicht geregelten Unternehmensform vorhanden ist. Auf die Dauer sollte sich der Gesetzgeber diesen wirtschaftlichen Notwendigkeiten nicht verschließen und die Unsicherheiten einer nur auf Richterrecht beruhenden Unternehmensform beseitigen. Dies um so mehr, nachdem auch die Organschaft, das Gegenstück zur Betriebsaufspaltung, gesetzlich anerkannt und geregelt ist[2].

Hinzu kommt, daß der Gesetzgeber zwar Möglichkeiten zur Konzentration geschaffen hat (Verschmelzung, Umwandlung, Kapitalerhöhung), erleichternde Vorschriften für die Entflechtung, die aus Wettbewerbsgründen erwünscht sein müßte, aber bislang fehlen. Solange eine gesetzliche Regelung fehlt, muß man versuchen, vor Durchführung einer Aufspaltung durch eingehendes und laufendes Studium, insbesondere der Rechtsprechung, alle Risiken für die Beteiligten auszuschalten.

Hierbei soll diese Schrift helfen.

Die gute Resonanz der 1. Auflage der Broschüre ermöglichte es, in kurzer Zeit die 2. Auflage vorzulegen.

Ich habe in dieser Zeit die neuesten Entscheidungen eingearbeitet und die zwischenzeitlich erschienene Literatur verwertet. Innerhalb eines Zeitraumes von zwei Jahren sind über 100 Entscheidungen und Kommentierungen, die sich mit den verschiedenen Formen der Betriebsaufspaltung befaßten, veröffentlicht worden.

Starnberg, den 1. April 1975　　　　　　　*Dr. Gerhard Brandmüller*

---
[1] BStBl. 1972 II S. 63, BB 1972 S. 30 mit Anm. *Lauer*
[2] Vgl. § 7a KStG 1975, §§ 14—19 KStG 1977, § 2 Abs. 2 Nr. 2 S. 2 GewStG, § 2 Abs. 2 Nr. 2 UStG

VORWORT ZUR 3. AUFLAGE

Die Wahl der Unternehmensform wurde bis zum 31. 12. 1976 entscheidend durch steuerliche Tatsachen beeinflußt: Gewinn und Vermögen einer Kapitalgesellschaft wurden steuerlich doppelt belastet: Zunächst bei der Kapitalgesellschaft, dann bei den Anteilseignern, während für Gewinne und Vermögen der Personengesellschaft nur die Gesellschafter steuerpflichtig waren. Auch wenn beim Gewinn die steuerliche Doppelbelastung durch Ausschüttung und den damit verbundenen ermäßigten Steuersatz des KStG 1975 vermindert werden konnte, schreckte man besonders im mittelständischen Bereich vor der Kapitalgesellschaft zurück. Es war die Zeit der GmbH und Co KG.

Mit dem Inkrafttreten des neuen Körperschaftsteuergesetzes zum 1. 1. 1977[3] ist die Doppelbelastung auch des thesaurierten Gewinnes der Kapitalgesellschaft weggefallen; unbeachtet sollen hier die nichtabziehbaren Ausgaben (§ 10 KStG 1977) bleiben. Auch die Doppelbelastung mit Vermögensteuer verringert sich, nachdem der Steuersatz bei natürlichen Personen ab 1. 1. 1978 von 0,7 v. H. auf 0,5 v. H. und bei juristischen Personen von 1 v. H. auf 0,7 v. H. herabgesetzt wird[4].

Das hat mit dazu beigetragen, daß die Betriebsaufspaltung aus s t e u e r l i c h e n Gründen verstärkt wieder ins Bewußtsein der Berater rückt und in Seminaren und Vorträgen gegenüber anderen Unternehmensformen und insbesondere der GmbH und Co KG in den Vordergrund gestellt wird[5]. Mit der Neuauflage soll diesem Bedürfnis Rechnung getragen werden.

Aus Termin- und Platzgründen mußte ich mich der Anregung verschließen, die Broschüre um einige Kapitel über die Betriebspacht zu erweitern. Die Rechtsprechung und Literatur zur Betriebsaufspaltung hat seit 1. April 1975, dem Redaktionsschluß für die 2. Auflage, wieder in einem Maße zugenommen, das es erforderlich machte, sich auf die eigentlichen Probleme der Betriebsaufspaltung zu konzentrieren.

Starnberg, den 1. Dezember 1977 *Dr. Gerhard Brandmüller*

---

3 KStG 1977 vom 31. 8. 1976, BGBl. I S. 2597
4 Steueränderungsgesetz 1977 vom 16. 8. 1977 (BGBl. I S. 1586)
5 Vgl. *Beinert*, aaO. S. 223 ff.; *Tillmann*, aaO. S. 106; *Ebeling* auf der Arbeits- und Aussprachetagung des Instituts für Steuerrecht der Rechtsanwaltschaft e. V. am 5.—7. 9. 1977 in Lübeck-Travemünde; *Hintzen*, aaO. S. 506; *Felix* auf der Fachtagung des Verbandes der steuerberatenden Berufe in Niedersachsen am 29. 9. 1977 in Bad Harzburg

INHALTSVERZEICHNIS

Seite

Abkürzungsverzeichnis 12

A. Grundlagen

I. Begriff und Entwicklung der Betriebsaufspaltung . . . 15
  1. Definition der Betriebsaufspaltung 15
  2. Historische Entwicklung 15

II. Grundformen der Betriebsaufspaltung 16
  1. Echte Betriebsaufspaltung 16
     a) Besitz- und Betriebsunternehmen 16
     b) Produktions- und Vertriebsunternehmen 17
  2. Unechte Betriebsaufspaltung 17
  3. Umgekehrte Betriebsaufspaltung 18
  4. Mitunternehmerische Betriebsaufspaltung 18

III. Beweggründe für die Betriebsaufspaltung 19
  1. Haftungsbeschränkung 19
  2. Unternehmenskontinuität 20
     a) Fremdes Management 20
     b) Auseinandersetzung 20
     c) Vererbung 21
  3. Kapitalbeschaffung 21
  4. Betriebsverfassungsrecht 22
  5. Mitbestimmungsgesetz 22
  6. Steuerliche Gründe 23
     a) Unterschiedliche steuerliche Belastung von
        Personen- und Kapitalgesellschaften? 24
     b) Substanzerhaltung 25
     c) Geschäftsführergehälter und
        Pensionsrückstellungen 26
     d) Außensteuerliche und zolltechnische Vorteile . . 27
  7. Vermögensbeteiligungsabgabe 27

IV. Nachteile der Betriebsaufspaltung 28

V. Betriebsaufspaltung und GmbH und Co KG 29

VI. Betriebsaufspaltung und GmbH und Stille Gesellschaft . 31

B. Die Beurteilung der Betriebsaufspaltung im Handels- und Steuerrecht

I. Die Beurteilung im Handelsrecht 33
  1. Das Prinzip der Vertragsfreiheit 33

Inhaltsverzeichnis

Seite

    2. Unzulässige Haftungsbegrenzung 33
    3. Aufgabe des Handelsgewerbes bei der Verpächterin? 34
 II. Die Beurteilung im Steuerrecht 36
    1. Die Rechtsprechung zur Betriebsaufspaltung 36
       a) Die Rechtsprechung des Reichsfinanzhofes 36
       b) Die Rechtsprechung
          des Obersten Finanzgerichtshofes 37
       c) Die Rechtsprechung des Bundesfinanzhofes . . . 37
    2. Die Entscheidung des Großen Senats vom 8. 11. 1971 . 38

C. Die Durchführung der Betriebsaufspaltung

  I. Handelsrechtliche Probleme bei der Durchführung
    der Aufspaltung 41
    1. Gründung einer Kapitalgesellschaft 41
    2. Ausgliederung von Aufgaben bei der
       Personengesellschaft 42
    3. Bereitstellung von Kapital und Arbeitskräften . . . 42
    4. Die sonstigen abzuschließenden oder
       überzuleitenden Verträge 44
       a) Forderungsabtretungen und
          Schuldübernahmeverträge 44
       b) Miet- und Versicherungsverträge 45
       c) Lieferungsverträge 45
       d) Lizenzverträge 45
       e) Pacht- und Betriebsüberlassungsverträge 46
    5. Firmenrecht 48
 II. Steuerrechtliche Fragen bei der Durchführung
    der Aufspaltung 49
    1. Keine Ertragsteuern bei bestimmten persönlichen
       und sachlichen Voraussetzungen 49
       a) Persönliche Voraussetzungen 49
       b) Sachliche Voraussetzungen 56
    2. Die möglichen Tatbestände aus
       umsatzsteuerlicher Sicht 60
    3. Wann fällt Gesellschaftsteuer an, wann nicht? . . . 62
    4. Regelmäßig kein Anfall von Grunderwerbsteuer . . 63
    5. Steuerliche Behandlung von rückwirkend
       vorgenommenen Betriebsaufspaltungen 64
    6. Steuerliche Folgen bei Nichtanerkennung
       der Betriebsaufspaltung 64

Inhaltsverzeichnis

Seite

III. Bilanzielle Darstellung der Aufspaltung 65

D. Vertragliche Gestaltungsmöglichkeiten

I. Mögliche Rechtsformen 71
II. Regelungen im Pacht- und Betriebsüberlassungsvertrag . 71
   1. Vertragsgegenstand 72
   2. Ordnungsgemäße Betriebsführung und Instandhaltung 72
   3. Ersatzbeschaffung und Substanzerhaltung 73
   4. Neuinvestitionen 73
   5. Pachtzins 74
   6. Übernahme von Verwaltungsleistungen 76
   7. Vereinbarungen über Aufwendungen nach dem Lastenausgleichsgesetz 77
   8. Preisvereinbarungen zwischen Produktions- und Vertriebsgesellschaft 78
   9. Beendigung des Vertragsverhältnisses 78

E. Die laufende Besteuerung der Gesellschaften bzw. ihrer Gesellschafter

I. Die laufende Besteuerung der Besitzgesellschaft und ihrer Gesellschafter 81
   1. Die Einkommensteuer der Gesellschafter der Besitzgesellschaft 81
     a) Umfang des Betriebsvermögens 81
     b) Abschreibungsbefugnis und Bilanzierungsfragen . 84
     c) Gewinnverwirklichung während der Laufzeit des Pacht- und Betriebsüberlassungsvertrages? . 86
     d) Verwertung einer Erfindung im Rahmen einer Betriebsaufspaltung 87
   2. Die Gewerbesteuerpflicht der Besitzgesellschaft . . 89
     a) Gewerbesteuerpflicht der laufenden Pachtzinszahlungen 89
     b) Gewerbesteuerliche Organschaft oder Unternehmenseinheit? 90
     c) Erweiterte Kürzung nach § 9 Nr. 1 Satz 2 GewStG? 91
     d) Gewerbesteuerliches Schachtelprivileg 93
     e) Gewerbesteuer und Erbbaurecht 94
     f) Erlöschen der Gewerbesteuerpflicht beim Übergang vom Besitzunternehmen zur Betriebsverpachtung 94
   3. Umsatzsteuerliche Organschaft 95

9

Inhaltsverzeichnis

	Seite
4. Einheitsbewertung und Vermögensteuer	96
a) Die Anteile der Besitzgesellschaft oder ihrer Gesellschafter an der Betriebsgesellschaft	97
b) Ansatz eines Firmenwertes bei der Besitzgesellschaft?	98

II. Die laufende Besteuerung des Betriebs- oder Vertriebsunternehmens ... 99
  1. Körperschaftsteuer ... 99
     a) Kann die Betriebsgesellschaft wirtschaftliche Eigentümerin der Pachtgegenstände sein? ... 99
     b) Verdeckte Gewinnausschüttungen und Angemessenheit des Pachtzinses ... 101
     c) Höhe der Pachterneuerungsrückstellungen ... 102
     d) Bezüge und Pensionszusagen an die Gesellschafter-Geschäftsführer ... 103
     e) Organverhältnis zwischen Besitz- und Betriebsgesellschaft? ... 105
     f) Organverhältnis zwischen Produktions- und Vertriebsgesellschaft? ... 107
  2. Gewerbesteuer ... 108
     a) Pachtgegenstand und Pachtzinsen ... 108
     b) Dauerschulden und Dauerschuldzinsen ... 109
  3. Umsatzsteuer ... 111
     a) Kein Leistungsaustausch bei Ersatzbeschaffungen ... 111
     b) Vorsteuerabzug durch die Betriebsgesellschaft für Ersatzbeschaffungen ... 111
     c) Umsatzsteuerpflicht von Tätigkeitsvergütungen für Personalaufwendungen? ... 112
  4. Einheitsbewertung und Vermögensteuer ... 112
     a) Die Betriebsgesellschaft als selbständiges Vermögensteuersubjekt ... 112
     b) Darlehen der Besitzgesellschaft als verdecktes Stammkapital? ... 113
  5. Gesellschaftsteuer ... 114

F. Steuerliche Förderungsmaßnahmen und Vergünstigungen

  I. Zonenrandförderung ... 117
  II. Investitionszulagen ... 117
  III. Die Übertragung stiller Reserven nach § 6b EStG ... 119

Inhaltsverzeichnis

Seite

G. Auflösung der Doppelgesellschaft

I. Umwandlung oder Auflösung
der Betriebskapitalgesellschaft 122

II. Einbringen des Besitzunternehmens
in die Betriebskapitalgesellschaft 126

H. Anhang

Vertragsbeispiele 129

Schrifttumsverzeichnis 137

Stichwortverzeichnis 155

ABKÜRZUNGSVERZEICHNIS

aA	anderer Ansicht
aaO	am angegebenen Ort
Abs.	Absatz
Abschn.	Abschnitt
AfA	Absetzung für Abnutzung
AFG	Arbeitsförderungsgesetz
AG	Aktiengesellschaft, auch Amtsgericht
AktG	Aktiengesetz
Anm.	Anmerkung
AO	Abgabenordnung
AÜG	Arbeitnehmerüberlassungsgesetz
BAG	Bundesarbeitsgericht
BayObLG	Bayerisches Oberstes Landesgericht
BayVBL	Bayerische Verwaltungsblätter (Zeitschrift)
BB	Betriebs-Berater (Zeitschrift)
BdF	Bundesminister der Finanzen
BetrVG	Betriebsverfassungsgesetz
BewG	Bewertungsgesetz
BFH	Bundesfinanzhof
BFHE	Sammlung der Bundesfinanzhof-Entscheidungen
BGB	Bürgerliches Gesetzbuch
BGBl.	Bundesgesetzblatt
BGH	Bundesgerichtshof
BGHZ	Bundesgerichtshof in Zivilsachen
BMWF	Bundesminister für Wirtschaft und Finanzen
BStBl.	Bundessteuerblatt
BV	Betriebsvermögen
BVerfG	Bundesverfassungsgericht
DB	Der Betrieb (Zeitschrift)
d. h.	das heißt
DStR	Deutsches Steuerrecht (Zeitschrift)
DStZ/A	Deutsche Steuerzeitung, Ausgabe A (Zeitschrift)
DStZ/B	Deutsche Steuerzeitung, Ausgabe B (Zeitschrift)
DVO	Durchführungsverordnung
EFG	Entscheidungen der Finanzgerichte
EGAO	Einführungsgesetz zur Abgabenordnung 1977
EGStGB	Einführungsgesetz zum Strafgesetzbuch
EStG	Einkommensteuergesetz
EStR	Einkommensteuerrichtlinien

Abkürzungsverzeichnis

FAZ	Frankfurter Allgemeine Zeitung
FG	Finanzgericht
FGG	Gesetz über die Angelegenheiten der freiwilligen Gerichtsbarkeit
FGO	Finanzgerichtsordnung
GewStG	Gewerbesteuergesetz
GewStR	Gewerbesteuer-Richtlinien
GG	Grundgesetz
GmbH	Gesellschaft mit beschränkter Haftung
GmbHG	Gesetz betreffend die Gesellschaften mit beschränkter Haftung
GmbH-Rdsch.	Rundschau für GmbH (Zeitschrift)
GrEStG	Grunderwerbsteuergesetz
HFR	Höchstrichterliche Finanzrechtsprechung
HGB	Handelsgesetzbuch
hM	herrschende Meinung
Inf.	Die Information über Steuer und Wirtschaft für Industrie, Handel, Handwerk und Gewerbe (Zeitschrift)
InvZulG	Investitionszulagengesetz
i. S.	im Sinne
JW	Juristische Wochenschrift (Zeitschrift)
KG	Kommanditgesellschaft
KGaA	Kommanditgesellschaft auf Aktien
KStG	Körperschaftsteuergesetz
KStR	Körperschaftsteuerrichtlinien
KVStG	Kapitalverkehrsteuergesetz
LAG	Lastenausgleichsgesetz
LG	Landgericht
m. E.	meines Erachtens
MitbestG	Mitbestimmungsgesetz
m. W.	meines Wissens
NB	Neue Betriebswirtschaft (Zeitschrift)
NJW	Neue Juristische Wochenschrift (Zeitschrift)
NSt	Neues Steuerrecht von A—Z (Kommentar-Zeitschrift)
NWB	Neue Wirtschaftsbriefe (Kartei-Zeitschrift)
OFD	Oberfinanzdirektion
OFH	Oberster Finanzgerichtshof
OHG	Offene Handelsgesellschaft
OLG	Oberlandesgericht
RdNr.	Randnummer
RFH	Reichsfinanzhof

Abkürzungsverzeichnis

RG	Reichsgericht
RGZ	Reichsgericht in Zivilsachen
RIW/AWD	Recht der Internationalen Wirtschaft — Außenwirtschaftsdienst des Betriebs-Beraters (Zeitschrift)
Rspr.	Rechtsprechung
RWP	Rechts- und Wirtschaftspraxis (Kartei-Zeitschrift)
RStBl.	Reichssteuerblatt
S.	Seite
Sp.	Spalte
StAnpG	Steueranpassungsgesetz
StbJb	Steuerberaterjahrbuch
StBp	Die steuerliche Betriebsprüfung (Zeitschrift)
StPfl.	Steuerpflichtiger
StRK	Steuerrechtsprechung in Karteiform
StuW	Steuer und Wirtschaft (Zeitschrift)
StWa	Steuerwarte (Zeitschrift)
Tz	Textziffer
u. a.	unter anderem
UmwG	Umwandlungsgesetz
UmwStG	Umwandlungssteuergesetz
UStG	Umsatzsteuergesetz
UStR	Umsatzsteuer-Rundschau (Zeitschrift)
Vfg	Verfügung
vGA	verdeckte Gewinnausschüttung
vgl.	vergleiche
VSt	Vermögensteuer
VStG	Vermögensteuergesetz
VStR	Vermögensteuerrichtlinien
VVG	Versicherungsvertragsgesetz
WG	Wirtschaftsgut
WM	Wertpapier-Mitteilungen (Zeitschrift)
WPg	Wirtschaftsprüfung (Zeitschrift)
Ziff.	Ziffer
ZRFG	Zonenrandförderungsgesetz

A. Grundlagen

I. BEGRIFF UND ENTWICKLUNG DER BETRIEBSAUFSPALTUNG

1. Definition der Betriebsaufspaltung

Unter Betriebsaufspaltung (= Betriebsspaltung, Betriebsaufteilung) versteht man die Aufteilung eines bisher unter einer Firma geführten Unternehmens in mindestens zwei, unter Umständen auch mehr Unternehmen. **1**

Handelsrechtlich entstehen mindestens zwei selbständige Gesellschaften, wobei allerdings in der Regel dieselben natürlichen Personen an beiden Gesellschaften (direkt oder indirekt) im gleichen Umfang beteiligt sind. Die Bezeichnung »Doppelgesellschaft«, die vor allem früher verwendet wurde, ist, da es sich um zwei rechtlich selbständige Gesellschaften handelt, nicht korrekt[6].

2. Historische Entwicklung

Der Schöpfer der Betriebsaufspaltung oder der Doppelgesellschaft ist nicht bekannt[7]. Als Vertreter, die sich schon kurz nach dem Ersten Weltkrieg für die Doppelgesellschaften einsetzten und zu ihrer Verbreitung beitrugen, sind der Dresdner Rechtsanwalt Dr. Walther und der Kölner Rechtsanwalt Brockhues zu nennen. In der rheinischen Textilindustrie fand die neue Gesellschaftsform durch letzteren eine solche Verbreitung, daß man laut Boschert[8] von den sogenannten Brockhues-Gesellschaften sprach. **2**

Beliebt wurde die Doppelgesellschaft auch für die Syndikate, die den Ein- oder Verkauf bestimmter Produkte regelten. Mit am bekanntesten wurde der Vertrag des Rheinisch-Westfälischen Kohlen-Syndikates vom 1. 9. 1931[9]. **3**

---

6 So auch *Reischauer*, aaO. S. 2; aA *Boschert*, aaO. S. 9
7 Vgl. *Neitzel*, aaO. S. 15
8 AaO. S. 11
9 Vgl. *Hausmann*, aaO. S. 220 ff. und S. 267 ff.

II. GRUNDFORMEN DER BETRIEBSAUFSPALTUNG

Man kann mehrere Formen von Betriebsaufspaltungen unterscheiden.

1. Echte Betriebsaufspaltung

4 Die echte Betriebsaufspaltung wird auch als typische oder eigentliche Betriebsaufspaltung bezeichnet.
Bei der echten Aufspaltung eines Unternehmens können nebeneinander entstehen:

a) Besitz- und Betriebsunternehmen

5 Die Aufspaltung in Besitz- und Betriebsgesellschaft ist der klassische Fall der Betriebsaufspaltung. Hierbei wird in der Regel aus einer Personengesellschaft (OHG, KG)[10] eine Kapitalgesellschaft (GmbH, AG) ausgegründet, deren Anteile entweder die bisherige Gesellschaft selbst oder ihre Gesellschafter halten. Die Personengesellschaft behält das Anlagevermögen (Grundstücke, Gebäude, maschinelle Anlagen)[11], das aber an die Betriebsgesellschaft verpachtet wird; alles andere Vermögen der Personengesellschaft wird in die Betriebskapitalgesellschaft eingebracht oder darlehensweise dieser überlassen.

Es sind jedoch alle denkbaren Variationen möglich: Nur die Grundstücke bleiben bei der Besitzgesellschaft, das übrige Anlagevermögen geht zusammen mit dem Umlaufvermögen auf die Betriebsgesellschaft über; nur ein Teil des Umlaufvermögens geht auf die Betriebsgesellschaft über usw. Die Rechtsgrundsätze der Betriebsaufspaltung können auch dann anzuwenden sein, wenn ein in der Rechtsform einer Personengesellschaft betriebenes einheitliches Unternehmen in eine Besitzpersonengesellschaft (z. B. BGB- Gesellschaft) und eine Betriebspersonengesellschaft (z. B. KG) aufgespalten wird[12].

---

10 Anstelle der Personengesellschaft kann auch ein Einzelunternehmen stehen; vgl. *Sauer*, Betriebsaufspaltung, aaO. S. 121
11 Die Verfügungsgewalt hat aber die Betriebsgesellschaft; da nach bürgerlichem Recht (§ 854 BGB) Besitzer derjenige ist, der die tatsächliche Gewalt ausübt, ist die Bezeichnung „Besitzgesellschaft" juristisch nicht korrekt; gleichwohl hat sich diese Bezeichnung eingebürgert
12 *BFH*, 29. 7. 1976, BStBl. II S. 750, BB 1976 S. 1262

b) Produktions- und Vertriebsunternehmen

Hier wird aus einer Gesellschaft (Personen- oder Kapitalgesellschaft) eine Gesellschaft (in der Regel Kapitalgesellschaft) ausgegründet, die den Vertrieb des bisherigen Unternehmens übernimmt. Die ursprüngliche Gesellschaft ist nur noch Produktionsunternehmen.

Aufgabe des Vertriebsunternehmens ist der Absatz der vom Produktionsunternehmen hergestellten Erzeugnisse. Regelmäßig ist das Produktionsunternehmen verpflichtet, seine gesamten Erzeugnisse nur über das Vertriebsunternehmen vertreiben zu lassen.

2. Unechte Betriebsaufspaltung

Eine unechte oder uneigentliche Betriebsaufspaltung lag der Entscheidung des BVerfG vom 14. 1. 1969 zugrunde[13], die bestätigte, daß die Rechtsprechung des BFH und die Verwaltungspraxis, wonach das Besitzunternehmen als selbständiger Gewerbebetrieb zu behandeln ist, mit dem Grundgesetz vereinbar ist.

Von einer »unechten« Betriebsaufspaltung spricht man einmal, wenn das Besitzunternehmen und die Betriebsgesellschaft von vornherein als zwei rechtlich selbständige Unternehmen errichtet wurden und dann durch Überlassung von Anlage- oder Umlaufvermögen miteinander verbunden werden.

Daneben bezeichnet man es auch als »unechte« Betriebsaufspaltung, wenn das Besitzunternehmen erst nach Gründung des Betriebsunternehmens entstanden ist, also keine »Ausgründung« wie bei der echten Betriebsaufspaltung vorliegt[14].

Steuerlich behandelt die Rechtsprechung die echte und unechte Betriebsaufspaltung gleich, so daß nachfolgend diese Unterscheidung nicht mehr vertieft zu werden braucht[15].

---

13 BStBl. 1969 II S. 389, BB 1969 S. 351 mit Anm. *Labus*
14 *Birkholz*, DStZ/A 1971 S. 159
15 Vgl. *BFH*, 20. 9. 1973, BStBl. 1973 II S. 864, BB 1973 S. 1521 zur Gewerbesteuerpflicht der aus einer unechten Betriebsaufspaltung hervorgegangenen Besitzgesellschaft; *Schaaf*, Betriebsaufspaltung ..., aaO; *Mittelbach*, aaO. S. 361 ff.; zur wirtschaftlichen Verflechtung bei Grundstücksverpachtungen vgl. *FG Nürnberg*, 23. 8. 1974, EFG 1975 S. 13, WPg 1975 S. 115, DB 1975 S. 622; *Sauer*, Uneigentliche ..., aaO. S. 498

3. Umgekehrte Betriebsaufspaltung

10 Der Begriff der umgekehrten Betriebsaufspaltung wurde m. W. 1951 erstmals von Leitze gebraucht[16]. »Umgekehrte« Betriebsaufspaltung deshalb, weil Ausgangsgesellschaft nicht ein Einzelunternehmen oder eine Personengesellschaft ist, sondern eine Kapitalgesellschaft:

11 Die Gesellschafter einer Kapitalgesellschaft gründen eine Personengesellschaft, der das Anlage- und Umlaufvermögen verpachtet wird. Dabei können sowohl eine Besitzkapitalgesellschaft und eine Betriebspersonengesellschaft als auch eine Produktionskapitalgesellschaft und Vertriebspersonengesellschaft in Betracht kommen. Möglich ist aber auch, daß nur ein Betriebsteil (z. B. Export) ausgegliedert wird.

12 Es sind in der Regel ausschließlich steuerliche Gründe, wenn von der Möglichkeit der umgekehrten Betriebsaufspaltung Gebrauch gemacht wird:
Wenn, wie es 1951 der Fall war, der Körperschaftsteuersatz höher liegt als der durchschnittliche Steuersatz der Einkommensteuer und dadurch die Kapitalgesellschaft steuerlich schlechter gestellt ist als ein Einzelunternehmen oder die Personengesellschaft, nur dann ist die umgekehrte Betriebsaufspaltung interessant[17].

4. Mitunternehmerische Betriebsaufspaltung

13 Als eine »mitunternehmerische« Betriebsaufspaltung sieht man es an[18], wenn aus einer Personengesellschaft wesentliche Betriebsgrundlagen ausgegliedert und in eine neu gegründete Personengesellschaft eingebracht werden. Die neu gegründete Personengesellschaft verpachtet dann die wesentlichen Betriebsgrundlagen.

---

16 BB 1951 S. 160
17 Einzelheiten zur umgekehrten Betriebsaufspaltung mit weiteren Nachweisen finden sich bei *Zartmann*, Überblick..., aaO. S. 626/48; zur Frage der körperschaftsteuerlichen Behandlung des Firmenwertes einer Kapitalgesellschaft auf eine im Zuge der umgekehrten Betriebsaufspaltung gebildeten Personengesellschaft vgl. *Spital*-Frenking, aaO und GmbH-Rdsch. 1965 S. 61/62; zur Organschaft bei umgekehrter Betriebsaufspaltung vgl. Nds. FG, 8. 7. 1975, VI Kö 11/73, EFG 1976 S. 146
18 *Felix*, Besteuerung der Betriebsaufspaltung, aaO. S. 2

III. BEWEGGRÜNDE FÜR DIE BETRIEBSAUFSPALTUNG

Die Gründe für eine Betriebsaufspaltung sind zahlreich. In Betracht kommen insbesondere:

1. Haftungsbeschränkung

Bei der Aufspaltung in Besitz- und Betriebsgesellschaft wird das wertvolle Anlagevermögen (Grundstück, Gebäude) aus der Haftung des Betriebes herausgenommen.

Bei der Aufspaltung in Produktions- und Vertriebsgesellschaft wird der Produktionsbetrieb von der Haftung für große Vertriebsrisiken freigestellt; dabei darf aber die von der Rechtsprechung entwickelte Produzentenhaftung nicht übersehen werden[19].

Zum Teil wird darauf hingewiesen, daß heute die gleiche Haftungsbeschränkung durch die Rechtsform der GmbH und Co KG erreicht werden könne. Dies ist insoweit nicht richtig, als bei der Umwandlung einer Einzelfirma oder einer Personengesellschaft in eine GmbH und Co KG die wesentlichen Betriebsgrundlagen der bisherigen Firma auf die neue Gesellschaft übertragen werden müssen[20].

Damit geht in der Regel das gesamte Anlagevermögen auf die GmbH und Co. KG über und steht dem Zugriff der Gläubiger frei.

Bei risikoreichen Produktionen und Geschäften, bei denen ein Versicherungsschutz entweder überhaupt nicht oder nur zu wirtschaftlich untragbaren Konditionen erreicht werden kann, bietet allein die Herausnahme des wertvollen Anlagevermögens die Gewähr dafür, daß auch ein Fehlschlagen von Großprojekten, Explosionsschäden bei Gasleitungen usw., den Bestand der gesamten Unternehmung nicht gefährdet.

---

19 Zur Produzentenhaftung vgl. *Simitis*, aaO; *Diederichsen*, aaO, *Kullmann*, aaO, S. 1085, *Schmidt/Salzer*, Produkthaftung aaO
20 § 22 des Gesetzes über steuerliche Maßnahmen bei Änderung der Unternehmensform vom 14. 8. 1969, BGBl. I S. 1163 („ein Betrieb oder ein Teilbetrieb oder ein Mitunternehmeranteil"); vgl. auch *Böttcher/Beinert*, Wechsel . . ., aaO, S. 172 und ab 1. 1. 1977: § 24 des Umwandlungssteuergesetzes 1977 vom 6. 9. 1976, BGBl. I S. 2641

2. Unternehmenskontinuität

16 Unternehmungen werden — sieht man von reinen Zweckgemeinschaften, z. B. Arbeitsgemeinschaften im Baugewerbe einmal ab — mit der Absicht gegründet, auf Dauer wirtschaftliche Ziele zu verfolgen. Diese Unternehmenskontinuität ist insbesondere beim Einzelunternehmen und bei der Personengesellschaft nicht gegeben.

a) Fremdes Management

17 Oft sind aus der Umgebung eines Einzelunternehmens oder des engeren Gesellschafterkreises keine geeigneten Führungskräfte vorhanden. Andererseits will man aber familienfremde Führungskräfte nicht kapitalmäßig in das Einzelunternehmen oder die Personengesellschaft aufnehmen. Dann entsteht durch eine Betriebsaufspaltung die Möglichkeit, fremden Führungskräften entsprechende geschäftsleitende Positionen einzuräumen (Vorstandsmitglieder, Geschäftsführer).

b) Auseinandersetzung

18 Das Schicksal eines Einzelunternehmens ist eng mit dem Schicksal des Inhabers verknüpft; sein Tod oder seine Krankheit gefährden den Fortbestand des Unternehmens. Bei den Personengesellschaften kann der Fortbestand des Unternehmens durch Abfindungsansprüche ausscheidender Gesellschafter gefährdet werden, Erben und Gläubiger von Gesellschaftern können ihre Ansprüche unmittelbar gegen die Gesellschaft und deren Vermögen richten, ohne Rücksicht darauf, ob das zur Befriedigung der Ansprüche erforderliche Kapital liquiditätsmäßig zur Verfügung steht oder nicht.

Durch die Aufspaltung des Unternehmens wird das in der Personengesellschaft dem direkten Auseinandersetzungsanspruch unterliegende Vermögen nur vermindert. Es darf deshalb nicht übersehen werden, daß unter dem Gesichtspunkt »Auseinandersetzung« die volle Umgründung des Einzelunternehmens bzw. der Personengesellschaft in eine Kapitalgesellschaft zweckmäßiger wäre.

c) Vererbung

Bei Familienunternehmen kann die Gesellschafterzahl durch mehrere Erbfälle anwachsen: Familienfremde können plötzlich Gesellschafter sein. Durch Ausgründung einer Kapitalgesellschaft können die Familienmitglieder auf die Besitzgesellschaft beschränkt werden. Im Erbfall spielt sich alles bei der Besitzgesellschaft ab, die werbende Kapitalgesellschaft bleibt von den Erbauseinandersetzungen unberührt, Verlustvorträge des Erblassers können von den Erben im Rahmen der Besitzpersonengesellschaft in Anspruch genommen werden (§ 10 d EStG)[21]. 19

Durch die Aufspaltung eines Familienunternehmens kann auch die Erbfolge vorweg und zu Lebzeiten der im Unternehmen tätigen Generation geregelt werden.

Söhne und Töcher, die aus Alters- oder sonstigen Gründen noch nicht in die Unternehmensführung berufen werden können, können Gesellschafter der Besitzgesellschaft werden. Ähnliche Ergebnisse können durch stille Beteiligungen erreicht werden, so daß die vorweggenommene Erbfolge allein kein Grund für eine Betriebsaufspaltung sein kann. Neuerdings hat Tillmann[22] neue Wege aufgezeigt, wie durch eine Betriebsaufspaltung Erbschaft- und Schenkungsteuer gespart werden kann.

3. Kapitalbeschaffung

Unter den wirtschaftlichen Gründen, die für eine Betriebsaufspaltung auch angeführt werden, findet sich teilweise auch der Hinweis der leichten Kapitalbeschaffung durch die Kapitalgesellschaft gegenüber dem Familienunternehmen oder der Personengesellschaft. 20

Hier ist aber eine Einschränkung zu machen: Regelmäßig steht nur der Aktiengesellschaft der Kapitalmarkt offen. Nur wenn also die Betriebsgesellschaft in der Rechtsform der Aktiengesellschaft betrieben wird, kann dieses Motiv mit zur Betriebsaufspaltung führen.

---

21 Zur Anwendung des § 10d EStG im Erbfall vgl. BdF-Erlaß vom 11. 8. 1976, BStBl. I S. 418
22 *Tillmann*, Vorweggenommene ..., aaO, S. 250; vgl. auch *Hofbauer*, DStR 1977 S. 331 ff. und S. 371 ff.

4. Betriebsverfassungsrecht

21 Das Betriebsverfassungsgesetz vom 15. 1. 1972[23] hat die Befugnisse der Arbeitnehmer beträchtlich erweitert. Einzelheiten finden sich im Vierten Teil (§§ 74 ff.) des Betriebsverfassungsgesetzes. Vertreter der Arbeitnehmer sind die Betriebsräte, die in allen Betrieben mit mindestens fünf wahlberechtigten Arbeitnehmern zu bilden sind. Das Gremium, das als Gesprächspartner von der Geschäftsleitung über die wirtschaftliche Situation des Unternehmens unterrichtet wird, ist der Wirtschaftsausschuß, der sich ausschließlich aus Arbeitnehmervertretern zusammensetzt (§ 107 Abs. 2 S. 1 BetrVG).

Die Befugnisse des Wirtschaftsausschusses sind umfassend (vgl. § 106 Abs. 3 BetrVG).

22 Durch eine Betriebsaufspaltung läßt sich unter Umständen in mittleren Industriebetrieben der Wirtschaftsausschuß vermeiden: Voraussetzung für die Bildung eines Wirtschaftsausschusses ist die Beschäftigung von regelmäßig mehr als 100 Arbeitnehmern.

Hinzu kommt, daß das Besitzunternehmen in der Regel keine oder nur ein bis zwei Arbeitnehmer beschäftigt, so daß bei der das Kapital verwaltenden Besitzgesellschaft regelmäßig weder Betriebsrat noch Wirtschaftsausschuß zu bilden sind.

5. Mitbestimmungsgesetz

23 Das Gesetz über die Mitbestimmung der Arbeitnehmer vom 4. 5. 1976[24] erfaßt Unternehmen mit eigener Rechtspersönlichkeit sowie Kommanditgesellschaften, an denen Unternehmen mit eigener Rechtspersönlichkeit beteiligt sind, z. B. GmbH und Co KG, die in der Regel mehr als 2000 Arbeitnehmer beschäftigen (vgl. §§ 1, 4 MitbestG).

Bei Unternehmen, die unter das MitbestG fallen, besteht ein erhöhtes Mitspracherecht der Arbeitnehmer, z. B. über die Zusammensetzung des Aufsichtsrates (§ 7 MitbestG), die Bestellung

---

23 BGBl. I S. 13, geändert durch Gesetz vom 18. 1. 1974, BGBl. I S. 85 und Art. 238 EGStGB vom 2. 3. 1974, BGBl. I S. 469
24 BGBl. I S. 1153

der Mitglieder der gesetzlichen Vertretungsorgane (Vorstände, Geschäftsführer — § 31 MitbestG) etc. Das Gesetz ist bei den Arbeitgebern vielfach auf Kritik gestoßen[25].

Mehrere Verfahren sind anhängig[25a], auch eine Klage beim Bundesverfassungsgericht[26]. Ob diese gerichtlichen Schritte Erfolg haben, sei dahingestellt.

Für mittelständische Unternehmen läßt sich durch Betriebsaufspaltungen die Anwendung des Mitbestimmungsgesetzes vielfach vermeiden, in dem man die Teilung so durchführt, daß jedes Unternehmen weniger als 2000 Beschäftigte hat[27].

24

Selbst wenn dies nicht zu erreichen ist, bewirkt eine Betriebsaufspaltung, daß sich das Mitspracherecht der Arbeitnehmer und ihrer Vertreter auf die Betriebsgesellschaft beschränkt und bei der Besitzgesellschaft, wo das wertvolle Anlagevermögen gehalten wird, kein Einblick besteht.

6. Steuerliche Gründe

Nicht zuletzt waren und sind es oft steuerliche Gründe, die zu Betriebsaufspaltungen führen. Es ist aber davor zu warnen, eine Unternehmensform ausschließlich nach steuerlichen Gesichtspunkten zu wählen. Die steuerliche Belastung muß immer ein entscheidendes Kriterium bei der Wahl der Unternehmensform sein; gleichzeitig muß aber sichergestellt sein, daß auch die betriebswirtschaftlichen, die haftungsrechtlichen und familienrechtlichen Belange optimal gesichert sind[28].

25

---

25 Vgl. *Seefelder*, Das Mitbestimmungsmodell in der Praxis, FAZ, Blick durch die Wirtschaft, 24. 4. 1974 S. 1; Kritik der Amerikanischen Handelskammer, FAZ, Blick durch die Wirtschaft, 23. 3. 1974 S. 1; *Peltzer*, aaO, S. 444; Seiffert, aaO, S. 129; *Rasch*, aaO, S. 532; *Kindermann*, aaO, S. 1159. Zum Gesetz selbst vgl. den Kommentar von *Meilicke/Meilicke*, Heidelberg 1976
25a Nach einer Veröffentlichung in „Wertpapier" 1976 Nr. 17 vom 1. 9. 1976 S. 633 („Mitbestimmung vor Gericht") sind Verfahren anhängig vor dem OLG München (BMW), dem OLG Stuttgart (Salamander) und dem Kammergericht Berlin (Schering)
26 Eine Verfassungsbeschwerde eines Inhabers von Fondsanteilen und Anteilseigners wurde vom BVerfG als unzulässig verworfen (Beschluß vom 20. 1. 1977, 1 BvR 441/76, WM 1977, S. 254)
27 Zu Mitbestimmungsproblemen bei Konzernen und Betriebsführungsaktiengesellschaften vgl. *Lutter*, aaO, S. 553 und *Rüthers*, aaO, S. 605
28 *Brönner*, Die Besteuerung . . ., aaO, S. 6

a) Unterschiedliche steuerliche Belastung von Personen- und Kapitalgesellschaften?

26 Die Personengesellschaften sind hinsichtlich der Gewinne einkommensteuerrechtlich keine Steuerobjekte. Einkommensteuerpflichtig sind nur die Gesellschafter.

27 Die Gewinne der Kapitalgesellschaften werden durch die Körperschaftsteuer erfaßt.

Im Laufe der letzten Jahrzehnte wurden hinsichtlich der Höhe der Steuertarife einmal die Personen-, dann die Kapitalgesellschaft bevorzugt[29].

28 Nach dem Einkommensteuerreformgesetz vom 5. 8. 1974[30] beträgt der Endsteuersatz bei der Einkommensteuer ab 1. 1. 1975 56 %. Ergänzungsabgabe wird zur Einkommensteuer nicht mehr erhoben (Art. 5 des Gesetzes vom 5. 8. 1974).

Die zum 1. 1. 1977 in Kraft getretene Körperschaftsteuerreform[31] hat zwei entscheidende Änderungen bewirkt:

Einmal wurde das System geändert, zum anderen sind auch die Körperschaftsteuersätze korrigiert worden. Die Änderung des körperschaftsteuerlichen Systems hat die Beseitigung der steuerlichen Doppelbelastung der Kapitalgesellschaft und ihrer Gesellschafter gebracht. Der Gewinn der Kapitalgesellschaft, gleichgültig, ob er ausgeschüttet oder thesauriert wird, muß von dieser zwar weiterhin der Körperschaftsteuer unterworfen werden. Diese Körperschaftsteuer hat aber nur eine vorläufige Wirkung: Im Endergebnis bestimmt sich die Besteuerung des Gewinns einer Kapitalgesellschaft nach der Steuerbelastung der Anteilseigner[32].

Damit ist der Gewinn der Kapitalgesellschaft ebenso wie der Gewinn der Personengesellschaft nur noch von den Gesellschaftern zu versteuern.

Der Körperschaftsteuersatz beträgt ab 1. 1. 1977 für nicht ausgeschüttete Gewinne im Normalfall 56 v. H. (§ 23 Abs. 1 KStG 1977). Da die Ergänzungsabgabe ab 1. 1. 1977 auch bei Kapital-

---

29 Einzelheiten vgl. *Schnell*, Die Betriebsaufspaltung . . ., aaO, S. 20 ff.
30 BGBl. 1974 I S. 1769 und 1993 = BStBl. 1974 II S. 530 und 578; Einzelheiten vgl. auch *Gérard/Söfting*, aaO, S. 361 ff. und *Pogge- v. Strandmann/Kieschke*, aaO, S. 331 ff.
31 KStG 1977 vom 31. 8. 1976, BGBl. I S. 2597
32 Vgl. *Tillmann*, Das neue Körperschaftsteuerrecht . . ., aaO, S. 11; *Streck bei Felix*, Körperschaftsteuerreform . . ., aaO, S. 1 ff.

gesellschaften nicht mehr erhoben wird[33], decken sich der Spitzensatz der Einkommensteuer und der Körperschaftsteuer ab 1. 1. 1977. Berücksichtigt man die Kirchensteuer, die einkommensteuerpflichtige natürliche Personen, die bestimmten Konfessionen angehören, entrichten müssen, nicht aber Kapitalgesellschaften, wird der Gewinn einer Personengesellschaft sogar höher belastet als der Gewinn einer Kapitalgesellschaft.

Bei Ausschüttung ermäßigt sich die Körperschaftsteuer auf 36 v. H. (§ 27 Abs. 1 KStG 1977), ohne daß sich hierbei für unsere Betrachtung — Steuerbelastung des Gewinnes der Personen- bzw. der Kapitalgesellschaft — etwas ändern würde.

Bei der G e w e r b e s t e u e r kann sich bei der Betriebsaufspaltung insofern ein Vorteil ergeben, als der gesamte Ertrag auf zwei Unternehmen aufgeteilt wird. Unterschiedliche Steuermeßzahlen können dadurch zu einer geringeren Belastung führen, als wenn der Gewinn in einem Unternehmen versteuert wird.

V e r m ö g e n s t e u e r r e c h t l i c h bedeutet die Betriebsaufspaltung gegenüber dem Einzelunternehmen oder der Personengesellschaft eine Steuerbelastung. Die Betriebs-GmbH unterliegt mit ihrem eigenen Vermögen der Vermögensteuer, wobei zu beachten ist, daß diese Vermögensteuer nicht vom körperschaftsteuerlichen Gewinn abgezogen werden kann (§ 10 Nr. 2 KStG 1977).

Allerdings tritt zum 1. 1. 1978 auch hier eine Entlastung ein, nachdem ab diesem Zeitpunkt die Sätze der Vermögensteuer bei natürlichen Personen auf 0,5 v. H. (bisher: 0,7 v. H.) und bei juristischen Personen auf 0,7 v. H. (bisher: 1,0 v. H.) gesenkt werden[34].

Zusätzlich müssen die Gesellschafter der Besitzgesellschaft von dem Wert der Anteile an der Betriebs-GmbH selbst nochmals Vermögensteuer bezahlen, die seit 1. 1. 1975 nicht mehr als Sonderausgabe abgezogen werden kann.

b) Substanzerhaltung

Bei einer Betriebsaufspaltung kann die Betriebsgesellschaft als Pächterin des Anlagevermögens z. B. die Verpflichtung übernehmen, die Pachtgegenstände nicht nur in einem ordnungsgemäßen Zustand zu erhalten, sondern darüber hinaus bei Pachtende *gleichwertige Sachen* zurückzugeben. In diesen Fällen ist die Pächterin

---
33 § 11 Ergänzungsabgabegesetz vom 17. 10. 1974, BGBl. I S. 2887
34 Steueränderungsgesetz 1977 vom 16. 8. 1977, BGBl. I S. 1586

berechtigt, in Höhe des Zeitwertes zu Lasten ihres Gewinnes Rückstellungen zu bilden.

Bei einem laufenden Geldwertschwund bewirken die Rückstellungen zum Zeitwert, daß die Substanz des Betriebes erhalten bleibt und nicht ein dauernder Substanzverlust eintritt[35].

32 Die Rechtsprechung des BFH[36] fordert als Folge dieser Rückstellungsmöglichkeit bei der Pächterin die Aktivierung des entsprechenden Betrages beim Besitzunternehmen. Dadurch erfolgt bei der Verpächterin, wie noch zu zeigen sein wird, eine Gewinnrealisierung, die durch die Preissteigerungen hervorgerufen wird.

33 Damit ist heute unter dem Gesichtspunkt »Substanzerhaltung« trotz der Möglichkeit, die Preissteigerungen aufzufangen und die Substanz des Anlagevermögens zu erhalten, die Betriebsaufspaltung wegen der gleichzeitigen Gewinnrealisierung beim Besitzunternehmen problematisch.

c) Geschäftsführergehälter und Pensionsrückstellungen

34 Von steuerlichem Vorteil bei der Betriebsaufspaltung ist die Abzugsfähigkeit der Gesellschafter-Geschäftsführergehälter bei der Betriebsgesellschaft sowie die Möglichkeit, Pensionsrückstellungen für diese Gesellschafter-Geschäftsführer zu bilden. Diese Kosten sind bei der Gewerbeertragsteuer der Betriebsgesellschaft voll abziehbar (§ 7 GewStG) und mindern auch das Gewerbekapital (§ 12 Abs. 1 GewStG). (Für Gesellschafter von Personengesellschaften können keine Rückstellungen gebildet werden[37]). Ist ein Gesellschafter-Geschäftsführer wesentlich an der Kapitalgesellschaft beteiligt, dann soll nur eine Rückstellung für Invalidität ab dem 75. Lebensjahr möglich sein[38]. Die wesentliche Beteiligung beginnt mit einem Anteil von mehr als 50 v. H. Dabei sollen die

---

35 Zur Substanzerhaltung in der Handels- und Steuerbilanz vgl. *Schildbach*, aaO, S. 49; zur Erneuerungsverpflichtung, siehe *Sauer*, Betriebsaufspaltung, aaO, S. 122
36 *BFH*, 21. 12. 1965, BStBl. 1966 III S. 147, BB 1966 S. 278; *BFH*, 23. 6. 1966, BStBl. 1966 III S. 589, BB 1966 S. 1178; *Sauer*, Betriebsaufspaltung, aaO, S. 122
37 *BFH-Urteil* vom 16. 2. 1967 IV R 62/66, BStBl. III S. 222, BB 1967 S. 320 und S. 358
38 Vgl. hierzu Ländererlaß vom 18. 1. 1967, BStBl. II S. 74; *BFH*-Urteil vom 8. 2. 1966 I 227/63, BStBl. III S. 323, BB 1966 S. 571; *BFH*, 30. 11. 1966 I R 110/66, BStBl. III S. 153, BB 1967 S. 239; *BFH* 11. 1. 1967 I R 49/66, BStBl. III S. 264; *BFH* 20. 6. 1974 I R 112/72; BStBl. II S. 694, BB 1974 S. 1385

Anteile des Gesellschafter-Geschäftsführers und seine mit ihm zusammenveranlagten Familienangehörigen zusammenzurechnen sein[38a].

Zuführungen zu Pensionsrückstellungen mindern außerdem die Vermögensteuer.

d) Außensteuerliche und zolltechnische Vorteile

Die Betriebsaufspaltung über die Grenze kann Vorteile bringen[39]. Hat das Besitzunternehmen ausländische Gesellschafter und liegt eine reine Verpachtung vor, so wird in der Regel gemäß § 12 AO 1977 und/oder den einschlägigen Doppelbesteuerungsabkommen das Besitzunternehmen keine Betriebsstätte im Inland haben. Die Erträge aus der Beteiligung sind als Einkünfte aus Kapitalvermögen der beschränkten Steuerpflicht zu unterwerfen. Die Einkommen- oder Körperschaftsteuer ist durch den Kapitalertragsteuerabzug abgegolten (§ 50 Abs. 5 EStG).

Mangels einer inländischen Betriebstätte unterliegt das Besitzunternehmen mit ausländischen Gesellschaftern nicht der Gewerbesteuer.

Zolltechnische Gründe rechtfertigen in bestimmten Fällen die Gründung einer ausländischen Vertriebs- oder Betriebsgesellschaft[40].

7. Vermögensbeteiligungsabgabe

Die Bundesregierung bereitete 1973/74 den Gesetzentwurf eines Vermögensbeteiligungsgesetzes vor[41].

Das Gesetz sollte 1976 in Kraft treten, ist aber nach der Regierungsneubildung im Mai 1974 aufgeschoben und zunächst zu den Akten gelegt worden.

38a Vgl. *BFH* 8. 2. 1966, BStBl. III S. 323, BB 1966 S. 571; *BFH*, 17. 2. 1966 BStBl. III S. 247, BB 1966 S. 486. Zwerganteile werden jedoch bei der Zusammenrechnung nicht berücksichtigt; *BFH*, 29. 7. 1970, BStBl. II S. 761, BB 1970 S. 1339 mit Anm. *Labus*
39 Vgl. *Gassner*, aaO, S. 1352; *Freudling*, aaO, S. 481
40 *Sudhoff*, Handbuch ..., aaO, S. 201
41 Sozialpolitische Informationen vom 2. 2. 1974, herausgegeben vom Bundesminister für Arbeit und Sozialordnung; FAZ, Blick durch die Wirtschaft, 25. 1. 1974, S. 5; Handelsblatt, 28. 1. 1974 S. 4; Süddeutsche Zeitung, 29. 1. 1974 S. 11

Nach dem Entwurf sollten etwa 27 600 Unternehmen der Bundesrepublik — rd. 5 800 Kapitalgesellschaften und 21 800 Personengesellschaften und Einzelunternehmen — durch die Hingabe von börsennotierten Aktien des eigenen oder eines nahestehenden Unternehmens, von nichtnotierten Anteilen oder durch eine 10-prozentige Abgabe auf den steuerpflichtigen Gewinn zur Vermögensbildung von Arbeitnehmern, Freiberuflern und sonstigen Selbständigen unterhalb bestimmter Einkommensgrenzen beitragen.

37 Betroffen wären diejenigen Unternehmen gewesen, die nach Abzug der Betriebsteuern noch einen einkommen- oder körperschaftsteuerlichen Gewinn von 400 000 DM haben, wobei Personengesellschaften und Einzelunternehmen ein zusätzlicher Freibetrag von 100 000 DM als Ausgleich dafür eingeräumt werden sollte, daß der Unternehmerlohn steuerlich als Betriebsausgabe nicht abzugsfähig ist. Im Gewinnbereich zwischen 400 000 DM und 1 Mio. DM sollte der Abgabesatz so gestaffelt werden, daß der Übergang bis zu einer Abgabebelastung von etwa 10 % bei Gewinnen ab 1 Mio. DM gleichmäßig erreicht wird[42].

38 Wenn die Pläne auch zunächst aufgeschoben wurden, so ist nicht damit zu rechnen, daß sie endgültig beiseite gelegt werden. Alle im Bundestag vertretenen Parteien wollen in irgendeiner Form die überbetriebliche Vermögensbeteiligung.

Damit stellt sich für jedes mittelständische Unternehmen die Frage, ob nicht durch eine Betriebsaufspaltung die zusätzliche Belastung durch eine Vermögensbeteiligungsabgabe, die steuerlich nicht abzugsfähig sein sollte, abgewendet werden kann. Bei größeren Gewinnen könnte auch an eine *mehrfache Betriebsaufspaltung* gedacht werden[43].

IV. NACHTEILE DER BETRIEBSAUFSPALTUNG

39 Bereits bei den einzelnen Beweggründen wurde auf eventuelle Nachteile und Schwierigkeiten, die bei der Betriebsaufspaltung entstehen können, hingewiesen.

---

[42] Wegen weiterer Einzelheiten vgl. *Loos*, aaO, S. 145; *Brandmüller*, Vermögensbeteiligungsgesetz..., aaO, S. 313 und *derselbe*, Steuerliche Auswirkungen..., aaO, S. 641
[43] *Ohne Verfasser*, Mehrfache Betriebsaufspaltung? aaO, S. 738

Zusammenfassend läßt sich sagen:

Durch die Schaffung einer weiteren Gesellschaft wird die Organisation der Verwaltung komplizierter, die Verwaltungskosten höher. Beide Unternehmen benötigen eine getrennte Buchführung und getrennte Jahresabschlüsse.

Die Kreditbasis wird durch die Aufteilung des Vermögens auf min- 40 destens zwei Gesellschaften geschmälert. Dadurch wird es vielfach nötig sein, daß zusätzliche Sicherheiten durch das Besitzunternehmen oder deren Gesellschafter in Form von Bürgschaften usw. gewährt werden. Damit kann die durch die Aufspaltung beabsichtigte Haftungsbeschränkung illusorisch werden.

Die Finanzverwaltung sieht teilweise in einer Betriebsaufspaltung 41 den Versuch, Steuertatbestände zu umgehen. Zusammen mit der unübersichtlichen Rechtsprechung ergibt sich dadurch für jede Betriebsprüfung ein gewisser Unsicherheitsfaktor[44].

V. BETRIEBSAUFSPALTUNG UND GMBH UND CO KG

Als steuerlich günstigere Alternative wurde bis zum 1. 1. 1977 42 (Inkrafttreten des KStG 1977) vielfach die GmbH und Co KG empfohlen[45].

Ein haftungsrechtlicher Nachteil der GmbH und Co KG ist, daß bei 43 einer Umwandlung eines Einzelunternehmens in eine GmbH und Co KG das wertvolle Anlagevermögen, soweit es zu den wesentlichen Betriebsgrundlagen gehört, Eigentum der KG wird, so daß bei einem Haftungsfall auch dieses Anlagevermögen verloren geht. Bei dieser Argumentation darf aber nicht übersehen werden, daß auch bei einer Betriebsaufspaltung dieses, im Eigentum der Besitzgesellschaft stehende Anlagevermögen für Kredite der Betriebsgesellschaft regelmäßig herangezogen wird.

Ein steuerlicher Nachteil der GmbH und Co KG ist, daß Gesell- 44 schafter-Geschäftsführervergütungen, soweit sie an Geschäftsführer

---

44 Vgl. *Bartholomé,* aaO, S. 281
45 *Dueball,* aaO; *Felix,* Besteuerung der Betriebsaufspaltung aaO, S. 4, der außerdem als weitere Alternativen zur Betriebsaufspaltung nennt: GmbH mit stiller Beteiligung und GmbH und Co mit großer Komplementärin, die ihren Betrieb an die KG verpachtet

45 A

gezahlt werden, die zugleich Kommanditisten sind, der Gewerbesteuer als Mitunternehmer i. S. des § 15 Abs. 1 Nr. 2 EStG unterliegt[46].

45 Im übrigen genießen die GmbH und Co KG bzw. ihre Gesellschafter aber die steuerlichen Vorzüge der Personengesellschaft: Der Gewinn ist bei den einzelnen Gesellschaftern der Einkommensteuer zu unterwerfen; dabei sind die progressiv gestaffelten Einkommensteuersätze anzuwenden. Die GmbH und Co KG vermied bis 1. 1. 1977 — soweit es sich nicht um den ausgeschütteten Gewinnanteil der GmbH und deren Betriebsvermögen handelte — die Doppelbesteuerung durch Körperschaft- und Vermögensteuer. Hier ist durch das KStG 1977 eine völlige Änderung eingetreten: Durch die Körperschaftsteuerreform ist die ertragsteuerliche Doppelbelastung der Kapitalgesellschaft, ihre steuerliche Diskriminierung gegenüber dem Einzelunternehmen und der Personengesellschaft weggefallen. Damit ist die Grundlage, der viele GmbH und Co KGen ihre Entstehung und Berechtigung verdanken, weggefallen. Steuerliche Belastungsvergleiche zeigen, daß die Betriebsaufspaltung seit 1. 1. 1977, insbesondere bei bestimmten Sondermaßnahmen wie Pensionszulagen an Gesellschafter-Geschäftsführer, stille Einlagen etc. deutliche steuerliche Vorteile gegenüber der GmbH und Co KG aufweist[47].

Will man eine GmbH und Co KG in eine Doppelgesellschaft umgestalten, so beschließen die GmbH-Gesellschafter zunächst eine Kapital-Erhöhung der Komplementär-GmbH; mit diesen Mitteln erwirbt die GmbH das Umlaufvermögen der GmbH und Co KG. Die KG verpachtet das bei ihr verbleibende Anlagevermögen an die Betriebs-GmbH. Bei dieser atypischen Betriebsaufspaltung braucht die GmbH nicht aus der GmbH und Co KG auszuscheiden und bei ihr liegt die Gesamtbetriebsführung: Als Komplementär-GmbH bei der Besitzgesellschaft und als Betriebsunternehmen bei der Betriebsgesellschaft[48].

Welche Rechtsform im Einzelfall zu wählen ist, wird sich jeweils nur von Fall zu Fall beantworten lassen. Dabei sind neben steuerrechtlichen auch haftungsrechtliche, betriebswirtschaftliche und familienrechtliche Fragen zu beachten.

---

46 *BFH*, 2. 8. 1960, BStBl. III S. 408, BB 1960 S. 1377
47 Siehe die Berechnungen von *Korn* bei *Felix*, Körperschaftsteuerreform..., aaO, S. 127 ff. Tz 679 ff.
48 Vgl. auch *Felix*, Körperschaftsteuerreform..., aaO, S. 164 Tz 781

Möglich und in einzelnen Fällen auch zweckmäßig ist die Verbindung der Betriebsaufspaltung mit der GmbH und Co KG: Zartmann[49] weist darauf hin, daß infolge der bei der Betriebskapitalgesellschaft thesaurierten Gewinne, diese flüssige Mittel zur Verfügung hat. Will man die flüssigen Mittel dem Besitzunternehmen zur Verfügung stellen, so ist es am zweckmäßigsten, wenn sich die Betriebs-GmbH in Höhe dieser flüssigen Mittel als Komplementärin an dem Besitzunternehmen beteiligt. Die Folge ist allerdings, daß die Komplementär-GmbH angemessen an den dem Besitzunternehmen zufließenden Pachteinnahmen beteiligt werden muß. 46

Möglich ist auch eine Verbindung der umgekehrten Betriebsaufspaltung mit der GmbH und Co.: 47

Die Kapitalgesellschaft beteiligt sich als Kommanditistin an der neu zu gründenden Personengesellschaft, indem sie Betriebsmittel gegen Gewährung eines ihrer Einlage entsprechenden Gewinnanteils zur Verfügung stellt.

Beteiligt sich die Kapitalgesellschaft nicht als Kommanditistin, sondern als Komplementärin, so hat dies den Nachteil, daß das gesamte Vermögen der Komplementär-GmbH, also einschließlich Anlagevermögen, für die Verbindlichkeiten des Erzeugungs- oder Vertriebsunternehmens haftet.

VI. BETRIEBSAUFSPALTUNG UND GMBH UND STILLE GESELLSCHAFT

Brönner[50] sieht in der GmbH und Stiller Gesellschaft einen Ersatz der Betriebsaufspaltung. Denkbar wäre es z. B., daß ein Grundstück, das ein Gesellschafter weder einbringen noch pachtweise zur Verfügung stellen will, über eine Stille Gesellschaft seiner Kapitalgesellschaft unter Gewinn- und Verlustbeteiligung zur Verfügung stellt. Ertragsteuerlich wird dadurch m. E. aber nichts gewonnen: Die Stille Beteiligung und der ihr verbundene Gewinnanteil sind zwangsläufig der Gewerbesteuer unterworfen (§ 8 Nr. 3, § 12 Abs. 2 Nr. 1 GewStG). 48

---

49 Überblick..., aaO, S. 626
50 Die Besteuerung..., aaO, Tz 215/IV; vgl. auch *Woltmann*, aaO, S. 157 ff.; a.A. wohl *Costede*, StuW 1977, S. 208 ff.

48 A

Der GmbH mit Stiller Gesellschaft können nicht nur Finanzierungsprobleme erwachsen — das Kündigungsrecht der Stillen Gesellschafter läßt sich nicht ausschließen (§ 723 Abs. 3 BGB) —, sondern es ergeben sich gegenüber der Betriebsaufspaltung — und erst recht gegenüber der Personengesellschaft — erhöhte Vermögensteuern[51].

Im übrigen weist Woltmann[50] mit Recht darauf hin, daß unter Umständen in der GmbH mit Stiller Gesellschaft eine Erscheinungsform der Betriebsaufspaltung gesehen werden kann.

---

51 *Beinert*, aaO, S. 239

B. Die Beurteilung der Betriebsaufspaltung im Handels- und Steuerrecht

I. DIE BEURTEILUNG IM HANDELSRECHT

1. Das Prinzip der Vertragsfreiheit

Im deutschen Recht herrscht Vertragsfreiheit. Der Gesetzgeber hat der Wirtschaft eine Reihe von Rechtsformen zur Verfügung gestellt. Grundsätzlich können die am Wirtschaftsleben Beteiligten wählen, ob sie diese Rechtsform voll, abgewandelt oder überhaupt nicht übernehmen wollen: Nur ausnahmsweise schreiben einzelne gesetzliche Bestimmungen bestimmte Unternehmensformen vor[52]. 1

Aus dem Prinzip der Vertragsfreiheit folgt, daß gegen Betriebsaufspaltungen handelsrechtlich wenigstens im Grundsatz keine Bedenken erhoben werden können. 2

2. Unzulässige Haftungsbegrenzung

Es ist zu unterscheiden:

a) Das Einzelunternehmen oder die Personengesellschaft ist vor der Aufspaltung Verbindlichkeiten eingegangen. Durch die Aufspaltung werden den Gläubigern des Einzelunternehmens oder der Personengesellschaft reale Vermögenswerte entzogen. Wird die Besitzgesellschaft Gesellschafterin der Betriebsgesellschaft, dann treten an die Stelle der realen Vermögenswerte die Anteile der Besitzgesellschaft an der Betriebsgesellschaft. 3

Ist dies nicht der Fall, werden vielmehr die Gesellschafter der Besitzgesellschaft selbst Gesellschafter der Betriebsgesellschaft, so bleibt die volle Haftung bei der Besitzgesellschaft und, da diese 4

---

[52] Nach § 2 Hypothekenbankengesetz dürfen Hypothekenbanken nur in der Rechtsform der AG oder der KGaA geführt werden; wenn man sich entschließt, die Rechtsform der AG zu wählen, so sind die gesetzlichen Vorschriften des Aktiengesetzes zu beachten, die zum Teil zwingend sind und auch durch entsprechende Satzungsbestimmungen nicht abbedungen werden können.

Einzelunternehmen oder Personengesellschaft ist, bei den Gesellschaftern.

5 Insofern werden die bisherigen Gläubiger nicht schlechter gestellt, als sie vor der Aufspaltung standen. Wird allerdings die Besitzgesellschaft in der Rechtsform der KG betrieben, so ist der Durchgriff hinsichtlich des Kommanditisten beschränkt. Hinzu kommt, daß regelmäßig eine vertragliche Schuldmitübernahme vereinbart wird, so daß insoweit keine handelsrechtlichen Bedenken gegen die Betriebsaufspaltung bestehen können.

b) Laufende Verbindlichkeiten der Betriebsgesellschaft sind auf diese und deren Vermögen begrenzt. Insoweit ist die aus der Aufspaltung hervorgegangene Kapitalgesellschaft nicht anders zu behandeln wie Kapitalgesellschaften sonst auch. Ein Mißbrauch und eine unzulässige Haftungsbegrenzung kann aber auch hier in der Aufspaltung nicht gesehen werden.

3. Aufgabe des Handelsgewerbes bei der Verpächterin?

6 Die Besitzgesellschaft verpachtet in der Regel ihr gesamtes Anlagevermögen und überläßt darlehensweise das Umlaufvermögen der Pächterin oder bringt das Umlaufvermögen gegen Gewährung von Gesellschaftsrechten in die Betriebsgesellschaft ein.

Dadurch gibt die Verpächterin praktisch auch jede Betriebsführung auf und es erhebt sich die Frage, ob die Verpächterin damit weiterhin ein Handelsgewerbe betreibt[53].

7 Als Handelsgewerbe gelten die in § 1 Abs. 2 HGB genannten Tätigkeiten. Die Vermietung und Verpachtung wird in dieser Vorschrift nicht erwähnt.

8 In der Praxis wird deshalb gelegentlich die Meinung vertreten, daß das Besitzunternehmen mit der Aufspaltung aufhöre, als OHG oder KG zu existieren (§§ 6 Abs. 1, 105, 106 Abs. 2 HGB), daß vielmehr eine automatische Umwandlung in eine BGB-Gesellschaft erfolge. Demgegenüber ist zu beachten:

9 a) Als Handelsgewerbe gilt nach § 2 HGB auch ein sonstiges Unternehmen, das »nach Art und Umfang einen in kaufmännischer Weise eingerichteten Geschäftsbetrieb erfordert«, wenn die Firma[54] des Unternehmens in das Handelsregister eingetragen ist.

---

53 Vgl. *Brandmüller*, Betreibt ein Besitzunternehmen..., aaO, S. 641
54 Vgl. hierzu auch *Wessel*, aaO, S. 1226, der das geltende Recht für reformbedürftig hält und Reformvorschläge zur Neufassung der §§ 1 und 2 HGB unterbreitet

Grundstücksverwaltungen können kaufmännische Einrichtungen erfordern. Hinzu kommt bei der Aufspaltung, daß nicht nur Grundstücke, sondern Werksanlagen einschließlich Maschinen verpachtet werden. Damit muß die Verpächterin jährlich die Abschreibungen berechnen, die Bestände erfassen, in Höhe der Substanzerhaltungsrückstellungen Ansprüche aktivieren usw. Regelmäßig wird die Verpächterin deshalb ein Handelsgewerbe nach § 2 HGB betreiben.

b) Beteiligt sich die Besitzgesellschaft selbst direkt an der Betriebsgesellschaft und nicht die Gesellschafter der Besitzgesellschaft, so wird sie auch als Gesellschafterin der Betriebsgesellschaft ins Handelsregister eingetragen. **10**

Unabhängig von § 2 HGB ist sie zumindest Scheinkaufmann (§ 5 HGB), solange sie als OHG oder KG im Handelsregister eingetragen bleibt[55].

Anläßlich einer Stellungnahme zur Geschäftsführungs- und Vertretungsbefugnis in einer Besitzgesellschaft hat der BGH auch beiläufig erwähnt, daß durch eine Änderung des Gesellschaftszweckes (Verpachtung des Betriebes) die KG kraft Gesetzes in eine BGB-Gesellschaft umgewandelt wurde[56]. **11**

Schmidt[57] will daraus allgemein folgern, daß bei einer Verpachtung der wesentlichen Betriebsgrundlagen eine automatische Umwandlung in eine BGB-Gesellschaft erfolge. Dem kann in dieser allgemeinen Form nicht zugestimmt werden. Auch nach der Verpachtung kann die Besitzgesellschaft nach Art und Umfang einen in kaufmännischer Weise eingerichteten Gewerbebetrieb erfordern[58].

Zum Problem, ob bisherige Kommanditisten bei automatischer Umwandlung in eine BGB-Gesellschaft unbeschränkt haften und vertretungsberechtigt sind, vgl. Beyerle[59]. Ist die OHG im Grundbuch als Eigentümerin von Grundstücken eingetragen und folgt man der Meinung, daß bei einer Verpachtung der wesentlichen Betriebsgrundlagen die OHG oder KG automatisch in eine BGB-Gesellschaft umgewandelt wird, so wird das Grundbuch unrichtig. Nach **12**

---

55 A.A. wohl *BGH*, 19. 5. 1960, II ZR 72/59, BB 1960 S. 682
56 *BGH*, 10. 5. 1971, BB 1971 S. 973, NJW 1971 S. 1698
57 *Karsten*, aaO, S. 2346; vgl. auch *Gössner*, aaO, S. 1274
58 *OLG Karlsruhe*, 14. 7. 1928, JW 1928 S. 2644; *Brandmüller*, Betreibt..., aaO, S. 643
59 AaO, S. 1376

herrschender Ansicht ist das Grundbuch zu berichtigen. Dazu muß die Vorlage des beglaubigten Handelsregisterauszuges dem Grundbuchamt genügen[60].

II. DIE BEURTEILUNG IM STEUERRECHT

13 Die steuerliche Anerkennung der Betriebsaufspaltung ist seit langem unumstritten. Die Rechtsprechung hat aber im Laufe der Jahre die anfangs vorhandenen Steuervorteile immer weiter eingeengt.

1. Die Rechtsprechung zur Betriebsaufspaltung

Die Rechtsprechung zur Betriebsaufspaltung war nicht immer einheitlich. Sie durchlief verschiedene Stadien.

a) Die Rechtsprechung des Reichsfinanzhofes

14 Der RFH untersuchte zunächst die Frage, ob die Betriebsaufspaltung einen Mißbrauch bürgerlich-rechtlicher Gestaltungsformen darstelle (§ 6 StAnpG)[61]. Der VI. Senat des RFH hat mit Urteil vom 14. 3. 1933[62] die Betriebsaufspaltung bejaht und die Pachtzahlungen der Betriebskapitalgesellschaft als Betriebsausgaben anerkannt. Hinsichtlich der Gewerbesteuer vertrat der VI. Senat des RFH eine engere Auffassung[63]. Danach wurde gewerbesteuerlich eine Betriebsaufspaltung nur anerkannt, wenn sie aus sachlichen und betrieblichen Gründen erfolgte. Persönliche Gründe wurden unter Hinweis auf §§ 1 Abs. 2 und 3, 6 StAnpG[61] nicht anerkannt.

Auf der gleichen Linie lag der III. Senat zur Bewertung der Grundstücke und der GmbH-Anteile in der Hand der Gesellschafter[64].

---

60 Vgl. dazu *Hofmann*, aaO, S. 449
61 Das StAnpG ist am 31. 12. 1976 außer Kraft getreten, Art. 96 Nr. 5 EGAO vom 14. 12. 1976, BGBl. I S. 3341. Es gilt jetzt § 42 AO 1977, der inhaltlich mit § 6 StAnpG übereinstimmt.
62 RStBl. 1933 S. 1292
63 *RFH*, 4. 12. 1940, RStBl. 1941 S. 26
64 *RFH*, 30. 11. 1939, RStBl. 1940 S. 361

Der RFH hat dann noch in Urteilen vom 1. 7. 1942[65], 21. 3. 1944[66] und vom 16. 11. 1944[67] zur Betriebsaufspaltung Stellung genommen und dabei die Anerkennung der Betriebsaufspaltung im wesentlichen vom Vorliegen vernünftiger wirtschaftlicher Gründe abhängig gemacht. Damit war die Betriebsaufspaltung vom RFH zwar anerkannt; der RFH sah aber in der Besitz- und Betriebsgesellschaft keine rechtlich selbständigen Unternehmen, sondern Konzerngesellschaften.

b) *Die Rechtsprechung des Obersten Finanzgerichtshofes*

Der OFH erkannte die Betriebsaufspaltung an, lehnte in seinen Urteilen vom 7. 5. 1947[68] und 30. 3. 1949[69] die Argumentation des RFH aber ab. 15

Der OFH nahm die bürgerlich-rechtlich erfolgte Betriebsaufspaltung als gegeben hin und vertrat die Auffassung, daß es auf die Gründe für die Betriebsaufspaltung nicht ankomme.

c) *Die Rechtsprechung des Bundesfinanzhofes*

Der BFH hat die Rechtsprechung des OFH weitergeführt[70]. Dabei ist der BFH in seinen Urteilen, die sich überwiegend mit einzelnen steuerlichen Fragen, die im Zuge der Betriebsaufspaltungen entstanden, befaßten, von der Zulässigkeit der Betriebsaufspaltung ausgegangen. 16

Das BVerfG hat durch Beschluß vom 14. 1. 1969[71] diese Rechtsprechung des BFH gebilligt. Danach sind Besitzunternehmen und Betriebsgesellschaft selbständige Gewerbebetriebe, die beide der Gewerbesteuer unterliegen. Die Anteile an der Betriebsgesellschaft 17

---

65 RStBl. 1942 S. 1081
66 RStBl. 1944 S. 396 und S. 538
67 RStBl. 1945 S. 34
68 StuW 1947 Nr. 24
69 StuW 1949 Nr. 48
70 *BFH*, 26. 8. 1952, BStBl. 1952 III S. 261, BB 1952 S. 794; *BFH*, 22. 1. 1954, BStBl. 1954 III S. 91; *BFH*, 27. 1. 1955, BStBl. 1955 III S. 125; *BFH*, 25. 6. 1957, BStBl. 1957 III S. 303, BB 1957 S. 885; *BFH*, 13. 1. 1959, BStBl. 1959 III S. 197, BB 1959 S. 590; *BFH*, 24. 3. 1959, BStBl. 1959 III S. 289, BB 1960 S. 1377; *BFH*, 3. 11. 1959, BStBl. 1960 III S. 50, BB 1960 S. 31; *BFH*, 15. 7. 1960, BStBl. 1960 III S. 400, BB 1960 S. 1089; *BFH*, 8. 11. 1960, BStBl. 1960 III S. 513, BB 1961 S. 83 mit Anm. *Grieger*
71 BStBl. 1969 II S. 389, BB 1969 S. 351 mit Anm. *Labus*

gelten in der Hand des Besitzunternehmers als notwendiges Betriebsvermögen. Die Betriebsaufspaltung bedeutet keine Betriebsaufgabe, da das Besitzunternehmen eine gewerbliche Tätigkeit entfaltet.

2. Die Entscheidung des Großen Senats vom 8. 11. 1971

18 Der IV. Senat des BFH hatte dem Großen Senat zwei Fragen vorgelegt (§ 11 Abs. 3 und 4 FGO)[72].

»1. Ist im Fall der echten oder sog. unechten Betriebsaufspaltung Voraussetzung für die Gewerbesteuerpflicht des Besitzunternehmens, daß an beiden Unternehmen die gleichen Beteiligungen derselben Personen gegeben sind (BFH-Urteile I 231/65 vom 3. 12. 1969, BStBl. 1970 II S. 223; I R 108/66 vom 12. 3. 1970, BStBl. 1970 II S. 439), oder genügt es, wenn an beiden Unternehmen dieselben beherrschenden Mehrheiten bestehen, was nach Lage des Einzelfalles zu entscheiden ist (abweichende Auffassung des erkennenden Senats)?

2. Für den Fall, daß der Große Senat der abweichenden Auffassung des vorlegenden Senats nicht folgt, wird nach § 11 Abs. 4 FGO folgende Frage vorgelegt:

Inwieweit sind Beteiligungen von Familienangehörigen des Unternehmens dessen Beteiligungen hinzuzurechnen?«

19 Der Große Senat hat die Gelegenheit benützt, die ertragliche Seite der Betriebsaufspaltung neu zu durchdenken[73]. Er hält dabei an der personellen und sachlichen Verflechtung zwischen Besitz- und Betriebsunternehmen fest. Der Große Senat gab aber die Theorie vom »wirtschaftlich einheitlichen Unternehmen« auf; er wies ausdrücklich darauf hin, daß zwei rechtlich selbständige Unternehmen vorhanden seien. Die Verbindung zwischen den beiden rechtlich selbständigen Unternehmen wird aber durch den »einheitlichen geschäftlichen Betätigungswillen« hergestellt.

20 Damit kann auch zukünftig eine Betriebsaufspaltung nur anerkannt werden, wenn

---

[72] *BFH*, 16. 7. 1970, BStBl. 1971 II S. 182; BB 1971 S. 390
[73] BStBl. 1972 II S. 63, BB 1972 S. 30; die Entscheidung wurde u. a. besprochen von: *Neumann*, aaO; *Lauer*, BB 1972, S. 32; *Grieger*, Keine vollkommene Personenidentität..., aaO; *Birkholz*, Noch einmal..., aaO; *Littmann*, Zur Frage..., aaO; *Fichtelmann*, aaO; *Miehler*, aaO

a) ein einheitlicher Betätigungswille vorhanden ist (persönliche Voraussetzung) und
b) wesentliche Betriebsgrundlagen überlassen werden (sachliche Voraussetzung).

Der einheitliche geschäftliche Betätigungswille trete **21** zwar am klarsten zutage, wenn an beiden Unternehmen dieselben Personen im gleichen Verhältnis beteiligt sind, es genüge aber auch — so der Große Senat —, »daß die Person oder die Personen, die das Besitzunternehmen tatsächlich beherrschen, in der Lage sind, auch in der Betriebsgesellschaft ihren Willen durchzusetzen«. Damit erübrigte sich die Beantwortung der zweiten vom IV. Senat gestellten Rechtsfrage.

Die Erwartungen, daß durch den Großen Senat alle noch offenen steuerlichen Fragen der Betriebsaufspaltung geklärt würden, sind nicht erfüllt worden[74]. Weitere Urteile des BFH sind zu erwarten, ja zum Teil inzwischen ergangen[75].

Aus Gründen des Vertrauensschutzes sind aus der Rechtsprechung **22** des BFH, wie sie insbesondere in der Entscheidung des Großen Senats vom 8. 11. 1971 zum Ausdruck kommt, für Zeiträume vor 1974 keine Folgerungen zu ziehen[76].

---

74 So auch v. *Wallis*, Grundfragen..., aaO, S. 335
75 *BFH*, 19. 4. 1972, BStBl. 1972 II S. 634; *BFH*, 2. 8. 1972, BStBl. 1972 II S. 796, BB 1972 S. 1129, DStZ/A 1972 S. 389 mit Anm. *Grieger*; *BFH*, 18. 10. 1972, BStBl. 1973 II S. 27, BB 1972 S. 1447, FR 1972 S. 539 mit Anm. *Birkholz*, DStZ/A 1972 S. 31 mit Anm. v. *Wallis*; BFH, 23. 11. 1972, BStBl. 1973 II S. 247, BB 1973 S. 374 mit Anm. *Labus*, DStZ/A 1973 S. 118 mit Anm. *Grieger*; *BFH*, 3. 11. 1972, BStBl. 1973 II S. 447, BB 1973 S. 602; *BFH*, 20. 9. 1973, BStBl. II S. 869, BB 1973 S. 1521; *BFH*, 21. 5. 1974, BStBl. II S. 613, BB 1974 S. 1057; *BFH*, 14. 8. 1974, BStBl. 1975 II S. 112, BB 1975 S. 84; *BFH*, 15. 5. 1975, BStBl. II S. 781,WPg 1975 S. 661/662; *BFH*, 29. 7. 1976, BStBl. II S. 750, BB 1976 S. 1262
76 *BdF-Schreiben* vom 28. 12. 1973 — IV B 2 — S. 2179 — 2/73, BB 1974 S. 25, DB 1974 S. 17, DStR 1974 S. 115; vgl. dazu auch *ohne Verfasser*, Nachträgliche Erfassung..., aaO, S. 503

C. Die Durchführung der Betriebsaufspaltung

I. HANDELSRECHTLICHE PROBLEME BEI DER DURCHFÜHRUNG DER AUFSPALTUNG

1. Gründung einer Kapitalgesellschaft

Regelmäßig wird als geschäftsführendes, nach außen tätiges Unternehmen eine GmbH zu gründen sein. Das geschieht nach den Vorschriften des GmbH-Gesetzes (§§ 1 bis 12), wobei zu beachten ist, daß der Gesellschaftsvertrag der notariellen Form bedarf (§ 2 Abs. 1 Satz 1 GmbHG). Die Stammeinlagen werden von den Gesellschaftern der Personengesellschaft übernommen oder von der Personengesellschaft selbst. Da zur Gründung einer GmbH aber mindestens zwei Gesellschafter nötig sind, muß in letzterem Fall eine natürliche Person noch als Gründungsgesellschafter neben der Personengesellschaft fungieren.

Boschert[77] zeigt im Anschluß an Hueck[78] einen weiteren Weg auf, wie die Vermögenswerte auf Grund eines Gesellschafterbeschlusses direkt auf die GmbH übertragen werden können.

Die Personengesellschaft schließt mit der GmbH einen Vertrag zugunsten Dritter, nämlich zugunsten ihrer Gesellschafter, in dem sie sich verpflichtet, das in die GmbH einzubringende Vermögen dieser direkt aus dem Gesamthandseigentum zu übertragen, ohne dieses vorher in ein Bruchteilseigentum nach § 1008 BGB zu zerlegen.

Die GmbH ihrerseits verpflichtet sich, die das Entgelt darstellenden Gesellschaftsanteile den Gesellschaftern der Personengesellschaft zuzuerkennen.

Nach Boschert besteht hier nur ein Vertragsverhältnis zwischen der Personengesellschaft und der GmbH, so daß auch hier, genauso wie wenn die Personengesellschaft die GmbH-Anteile direkt übernimmt, nur eine Veräußerung anzunehmen ist.

---

[77] AaO, S. 26
[78] StuW 1953 Sp. 315

3 Soweit die Vermögenswerte (Umlaufvermögen, zum Teil vielleicht auch Anlagevermögen) Sacheinlagen bei der GmbH sind, müssen sie im Gesellschaftsvertrag besonders festgelegt werden (§ 5 Abs. 4 GmbHG). Eine Prüfung dieser Einlagen ist bei der GmbH aber nicht nötig, es sei denn, dem Registergericht erschienen die Einlagen zu hoch bewertet. Ist die Betriebsgesellschaft eine AG, so ist eine Gründungsprüfung nötig (§ 33 Abs. 2 Nr. 4 AktG).

2. Ausgliederung von Aufgaben bei der Personengesellschaft

4 Der Gesellschaftszweck des bisherigen Einzelunternehmens oder der Personengesellschaft muß nach der Aufspaltung geändert werden: Gegenstand des Unternehmens ist nicht mehr der Betrieb eines Produktionsunternehmens, sondern die Vermietung und Verpachtung von Grundstücken, Gebäuden und/oder maschinellen Anlagen sowie die Vermögensverwaltung.

5 In den Gesellschaftsvertrag der neu zu gründenden Kapitalgesellschaft ist als Gesellschaftszweck aufzunehmen: Fortführung des bisher von dem Einzelunternehmen bzw. der Personengesellschaft geführten Betriebes, insbesondere die Herstellung und der Vertrieb bestimmter Produkte sowie aller damit zusammenhängender Geschäfte.

3. Bereitstellung von Kapital und Arbeitskräften

6 Das bisherige Einzelunternehmen bzw. die Personengesellschaft muß das benötigte Kapital und die Arbeitskräfte zur Verfügung stellen. Der Betriebsgesellschaft muß soviel *Kapital* zur Verfügung gestellt werden, daß sie den Betrieb weiterführen kann.

Die Höhe und die Art der Kapitalbereitstellung hängt ab von der Art der produzierten Güter, insbesondere der Zahl der Produktionsstufen, der Lagerdauer der Rohstoffe, Halb- und Fertigfabrikate[79].

7 Die Arbeitskräfte[80] sind vertraglich gebunden an das Einzelunternehmen bzw. das Personenunternehmen. Der Betriebsgesellschaft können sie auf mehrfache Weise zur Verfügung gestellt werden:

---
79 Einzelheiten vgl. *Neitzel* aaO, S. 80 ff.
80 Zu arbeitsrechtlichen Problemen bei der Betriebsaufspaltung vgl. den Aufsatz von *Birk,* aaO, S. 1227, der auch auf tarifliche Fragen, das Betriebsverfassungsrecht sowie das Sozialversicherungsrecht eingeht

a) Die Betriebsgesellschaft tritt mit Zustimmung der Arbeitnehmer in die Arbeitsverträge ein.

b) Die Besitzgesellschaft bleibt Arbeitgeber und überläßt Arbeitskräfte gegen Vergütung an die Betriebsgesellschaft.

c) Die Arbeitnehmer schließen mit der Betriebsgesellschaft ein weiteres Arbeitsverhältnis, soweit für diese Arbeiten geleistet werden.

Zu a)

Gem. § 613 BGB hat der zur Dienstleistung Verpflichtete die Dienste im Zweifel in Person zu leisten und (S. 2): »Der Anspruch auf die Dienste ist im Zweifel nicht übertragbar.«

Damit mußte man bis 1972 davon ausgehen, daß die Übertragung der Arbeitsverhältnisse bei einer Betriebsaufspaltung nicht en bloc erfolgen kann, sondern daß jedes einzelne Arbeitsverhältnis übertragen werden mußte. Dabei konnte man aber unterstellen, daß dem Arbeiter oder Angestellten die Person des Unternehmens in der Regel gleichgültig ist, daß er für die »Unternehmung«, für den Betrieb eingestellt wurde, dem er verpflichtet sein will.

Wenn daher der »Betrieb« weitgehend erhalten bleibt, wie dies bei der Betriebsaufspaltung der Fall ist, so dürfte m. E. die stillschweigende Zustimmung des Arbeitnehmers zur Übertragung des Anspruchs auf die Arbeitsleistung als gegeben unterstellt werden, wenn nicht ausdrücklich widersprochen wird.

Durch das Betriebsverfassungsgesetz vom 15. 1. 1972[81] wurde in das BGB ein § 613a eingefügt, wonach bei einem rechtsgeschäftlichen Betriebs- oder Teilbetriebsübergang die Arbeitsverhältnisse kraft Gesetzes auf den neuen Inhaber übergehen. Das gilt auch für die Betriebsaufspaltung[80]. Nach dem BAG[82] soll jedoch der einzelne Arbeitnehmer, auch wenn eine Betriebsvereinbarung abgeschlossen wurde, ein Widerspruchsrecht haben.

Soweit § 613a BGB nicht eingreift, bleibt nur die Übertragung des einzelnen Arbeitsverhältnisses, das als Ganzes formlos mög-

---

81 BGBl. I S. 13; als Rechtsprechung zu § 613a BGB vgl. *BAG*, 29. 10. 1975, 5 AZR 444/74, BB 1976 S. 315, DB 1976 S. 391; *ArbG Berlin*, 18. 8. 1975, 45 Ca 76/75, DB 1975 S. 1993; *LAG Baden-Württemberg*, 21. 6. 1976, 9 Sa 26/76, BB 1976 S. 1607

82 *BAG*, 2. 10. 1974, 5 AZR 504/73, NJW 1975 S. 1378, BB 1975 S. 468 und *BAG*, 21. 7. 1977, 3 AZR 703/75, BB 1977 S. 1549; zum Urt. des BAG vom 2. 10. 1974 vgl. auch *Hess* aaO, S. 468; *Roemheld*, aaO, S. 845; *Birk*, aaO, S. 1227 und S. 1228

lich ist; dies gilt auch dann, wenn mit ihm Rechte übergehen, die wie Wettbewerbsverbote, zu ihrer Begründung der Schriftform bedürfen[83].

Zu b)

9 Soweit bei einem »Leiharbeitsverhältnis« keine sachliche und örtliche Veränderung des bisherigen Tätigkeitsbereiches eintritt, der einzelne Arbeitnehmer also die gleichen Arbeiten verrichtet wie bisher, bedarf es keiner Zustimmung des einzelnen Arbeitnehmers. Die Überlassung der Arbeitnehmer ist nicht als verbotene Arbeitsvermittlung nach §§ 13, 228 AFG zu qualifizieren. M. E. liegt auch keine nach § 1 AÜG erlaubnispflichtige Arbeitnehmerüberlassung vor[84], da es an der »Gewerbsmäßigkeit« fehlt: Der Besitzgesellschaft werden regelmäßig nur ihre Kosten ersetzt.

Zu c)

10 Ein zusätzliches Arbeitsverhältnis mit der Betriebsgesellschaft wird nur geschlossen werden, wenn nicht der gesamte Betrieb von der Betriebsgesellschaft weitergeführt wird, sondern nur einzelne Abteilungen, z. B. der Vertrieb.

4. Die sonstigen abzuschließenden oder überzuleitenden Verträge

a) Forderungsabtretungen und Schuldübernahmeverträge

11 Um den Betrieb in der bisherigen Weise fortführen zu können, ist es für die GmbH nötig, die *laufenden Verträge* des Einzelunternehmens bzw. der Personengesellschaft, soweit sie in Verbindung mit den übertragenen Funktionen stehen, zu übernehmen. Zunächst ist bei jedem einzelnen Vertrag zu überprüfen, ob diese Verträge überhaupt übertragbar sind und ob die Übertragung von der Zustimmung des Vertragspartners abhängig ist.

Die Übertragung eines Vertrages (Forderungsabtretung und Schuldübernahme) läßt sich in einem einzigen Akt durchführen, sofern der Vertragspartner zustimmt. Verweigert der Vertragspartner die Zustimmung, dann kann wirtschaftlich dasselbe Ergebnis durch

---

83 *BAG*, 24. 10. 1972, 3 AZR 102/72, BB 1973 S. 476, NJW 1973 S. 822, DB 1973 S. 924, zum Verhältnis Betriebsübertragung/Arbeitsverhältnis vgl. auch *Krejci*, aaO

84 A. A. *Birk*, aaO, S. 1229; zur Gewerbsmäßigkeit vgl. *BayObLG*, 24. 6. 1977, RReg. 4 St 93/76, BayVBl. 1977 S. 772.

einen Vertragsbeitritt der GmbH erreicht werden. Dies ist eine interne Vereinbarung zwischen der Besitz- und der Betriebsgesellschaft, worin die Rechte an die Betriebsgesellschaft abgetreten werden, die sich gleichzeitig der Besitzgesellschaft gegenüber verpflichtet, deren aus den betreffenden Verträgen resultierende Verbindlichkeiten zu erfüllen.

An die Stelle der befreienden Schuldübernahme ist hier ein Schuldbeitritt getreten, der nicht der Zustimmung des Vertragspartners bedarf. Der Nachteil dieser Regelung ist, daß die Besitzgesellschaft nicht aus der Haftung für die laufenden Verträge entlassen wird.

b) Miet- und Versicherungsverträge

Die Überlassung von gemieteten oder gepachteten Gegenständen oder Grundstücken an die GmbH ist nur mit ausdrücklicher Zustimmung des Vermieters oder Verpächters möglich, da § 549 BGB eine Untervermietung von dieser Zustimmung abhängig macht. Eine Lösung im Wege des Vertragsbeitritts ist hier nicht zulässig. **12**

Die Übernahme von Versicherungsverträgen ist ausdrücklich in den §§ 69 Abs. 1 und 151 Abs. 2 VVG geregelt, wonach der Erwerber einer Sache bzw. eines Unternehmens in die Rechte und Pflichten des bisherigen Versicherungsnehmers eintritt. **13**

c) Lieferungsverträge

Zur Erfüllung von Lieferungsverpflichtungen kann sich der Verpflichtete grundsätzlich auch Dritter bedienen. Deshalb dürften bei einer Aufspaltung keine Schwierigkeiten entstehen, wenn die Betriebsgesellschaft den Lieferverpflichtungen, die das jetzige Besitzunternehmen eingegangen ist, nachkommt. **14**

Soweit das jetzige Besitzunternehmen Abnahmeverpflichtungen eingegangen ist, ist eine Übernahme dieser Verpflichtungen sicher ebenfalls möglich. Zu beachten ist jedoch immer, daß die Übernahme von Verpflichtungen durch die Betriebsgesellschaft eine privative Schuldübernahme und damit von der Zustimmung des Vertragspartners abhängig ist. **15**

d) Lizenzverträge

Ist das bisherige Einzelunternehmen oder die Personengesellschaft Lizenzgeberin, so wird man an dieser Vertragssituation nichts **16** ändern: Die Erträge aus der Lizenz sollen direkt dem Unternehmer oder den Gesellschaftern zufließen.

Soll ausnahmsweise die Betriebskapitalgesellschaft als Lizenzgeberin auftreten, z. B. weil in dem Lizenzvertrag eine Weiterentwicklung der Erfindung oder des Know-how vereinbart ist und diese Weiterentwicklung nur durch die Betriebskapitalgesellschaft erfolgen kann, so dürfte es in der Regel nicht schwer fallen, die Zustimmung des Lizenznehmers zur Auswechslung des Vertragspartners zu erhalten.

17 Ist das bisherige Einzelunternehmen oder die Personengesellschaft Lizenznehmerin, so wird regelmäßig in dem Lizenzvertrag vereinbart sein, daß die Übertragung der Lizenz auf Dritte ausgeschlossen[85] oder nur mit Zustimmung des Lizenzgebers möglich ist.

e) Pacht- und Betriebsüberlassungsverträge

18 Die vertragliche Verknüpfung der beiden Gesellschaften, ihre Verbindung zu einer wirtschaftlichen Einheit, erfolgt, neben der vorhandenen Gesellschafteridentität oder der Beherrschung der Gesellschaften durch bestimmte Gruppen, durch den Abschluß eines Pacht- und Betriebsüberlassungsvertrages.

19 Durch den *Pachtvertrag* werden der Betriebsgesellschaft alle die Anlagen und Einrichtungen überlassen, die zur Fortführung des Unternehmens nötig sind. Das ist einmal das Anlagevermögen. Hier kann aber wahlweise differenziert werden: Es kann z. B. nur das unbewegliche Anlagevermögen (Grundstücke, Fabrikgebäude, Lagerhallen) verpachtet werden, während Maschinen, sonstige Betriebs- und Geschäftsausstattung in die Betriebsgesellschaft als Sacheinlage gegen Gewährung von Gesellschaftsrechten eingebracht werden können.

20 Umstritten ist, ob auch das gesamte Umlaufvermögen mitverpachtet werden kann. Zum Umlaufvermögen gehören vor allem die Roh-, Hilfs- und Betriebsstoffe sowie die Halb- und Fertigfabrikate. Durch den Pachtvertrag wird der Verpächter verpflichtet, dem Pächter den Gebrauch des verpachteten Gegenstandes und den Genuß der Früchte zu gewähren (§ 581 Abs. 1 Satz 1 BGB).

Alle Gegenstände, die Gebrauch oder Fruchtgenuß gewähren, können verpachtet werden[86]. Der Gesetzgeber hat nur eine besondere

---
85 *Neitzel*, aaO, S. 113; *Boschert*, aaO, S. 29
86 RGZ 75 S. 400

Regelung für die Pacht landwirtschaftlicher, nicht auch für gewerbliche Betriebe getroffen.

Nach hM kann aber auch das gewerbliche Unternehmen ein Gegenstand i. S. des § 581 BGB sein[87]. **21**

Allerdings ist bisher m.W. von der Rechtsprechung noch nicht dazu Stellung genommen worden, ob ein Gewerbebetrieb im ganzen mit allen einzelnen Teilen verpachtet ist oder einzelne Wirtschaftsgüter wie Waren, Forderungen oder Schulden nicht mitverpachtet werden können, sondern auf andere Weise, z. B. als Darlehen überlassen werden müssen. Die Meinungen darüber sind geteilt; einen guten Überblick über den gegenwärtigen Stand der Diskussion gibt Raben[88].

M. E. sollte das gesamte Umlaufvermögen gegen Gewährung von Gesellschaftsrechten in die GmbH eingebracht werden. Möglich ist auch, das gesamte Umlaufvermögen der Betriebskapitalgesellschaft darlehensweise zur Verfügung zu stellen[89]; das hat aber zur Folge, daß beim Gewerbeertrag die Schuldzinsen (§ 8 Nr. 1 GewStG) und beim Gewerbekapital das gesamte Umlaufvermögen als Betriebsvermögen hinzugerechnet werden (§ 12 Abs. 2 Nr. 1 GewStG)[90].

Durch den *Betriebsüberlassungsvertrag* wird die betriebsführende **22** Gesellschaft, regelmäßig eine Betriebskapitalgesellschaft, bevollmächtigt, den bisherigen Betrieb des Einzelunternehmens oder der Personengesellschaft für eigene Rechnung weiterzuführen. Gesetzlich ist ein Betriebsführungsvertrag nirgends normiert; dadurch bietet er große Freiheiten für vertragliche Abmachungen.

Zum Teil wird der Pacht- und Betriebsüberlassungsvertrag als ein **23** einheitlicher Vertrag betrachtet[91]; zumindest ist es möglich und oft auch zweckmäßig, beide Vertragstypen in einem einheitlichen gemischten Vertrag, dem Pacht- und Betriebsüberlassungsvertrag, zu regeln, zumal viele Bestimmungen, wie Vertragsbeginn, Dauer, Beendigung usw., in beiden Verträgen notwendigerweise einheitlich geregelt sein müssen.

Eine besondere *Form* ist für den Pacht- und Betriebsüberlassungs- **24** vertrag nicht vorgesehen; da jedoch regelmäßig Grundstücke zur Nutzung überlassen werden, und zwar für einen Zeitraum, der über

---

87 RGZ 63 S. 58; 67 S. 86; 70 S. 20
88 AaO, S. 48 ff.
89 So auch *Schneider*, aaO, S. 116
90 BFH, 5. 5. 1976, BFHE 119 S. 478, BStBl. II S. 717, BB 1976 S. 1451
91 *Boschert*, aaO, S. 32

ein Jahr geht, ist ein schriftlicher Vertrag nötig (§ 566 Satz 1 BGB). Da Pacht- und Betriebsüberlassungsverträge regelmäßig für einen l a n g e n Z e i t r a u m abgeschlossen werden, ist besonders auf mögliche Wertänderungen der Pachtgegenstände zu achten. Durch eine kombinierte Pacht (Abschreibung, Umsatz, Kapitalverzinsung — vgl. die Vertragsbeispiele Anhang H) — kann hier eine Stabilisierung geschaffen werden[92].

5. Firmenrecht

25 Wesentlich und in der Regel unumgänglich ist es, daß die Betriebsgesellschaft, die nach außen hin in Erscheinung tritt, die die Geschäfte des bisherigen Unternehmens übernimmt und fortführt und zukünftig allein im Wirtschafts- und Rechtsverkehr sichtbar auftritt, auch die ideellen Werte des bisherigen Unternehmens übernimmt und fortführt.

Zu den ideellen Werten gehört neben Kundenstamm und Geschäftsverbindungen insbesondere der Firmenname. Nur wenn der Firmenname von der Betriebsgesellschaft übernommen und geführt werden kann — gegebenenfalls mit einem die Rechtsform andeutenden Zusatz — wird sichergestellt, daß die ideellen Werte nicht verloren, sondern auf die neu gegründete Betriebsgesellschaft übergehen.

26 Zunächst ist aber § 30 HGB zu beachten, wonach sich jede neue Firma von allen an demselben Ort oder in derselben Gemeinde bereits bestehenden und in das Handelsregister eingetragenen Firmen deutlich unterscheiden muß. Die deutliche Unterscheidung wird nicht dadurch hergestellt, daß Gesellschaftszusätze wie OHG, KG, GmbH, AG benutzt werden[93]. Es ist also nicht zulässig, daß beispielsweise die Besitzgesellschaft weiter firmiert mit »Mayer und Schmidt KG« und die neu gegründete Betriebsgesellschaft mit »Mayer und Schmidt GmbH«.

27 Eine Möglichkeit ist, daß die neu gegründete Betriebsgesellschaft die alte Firma fortführt (»Mayer und Schmidt GmbH«) und die Besitzgesellschaft einen anderen Firmennamen annimmt. Auch auf Grund eines Pachtvertrages kann ein Firmenname weitergeführt werden (§ 22 Abs. 2 HGB). Dieser andere Firmenname der Besitzgesellschaft wäre m. E. auch gegeben, wenn die Besitzgesell-

---

92 Vgl. auch *Loos*, Die Behandlung . . ., aaO, S. 990
93 *Baumbach/Duden*, aaO, § 30 Anm. B

schaft firmieren würde: »Grundstücksverwaltungsgesellschaft Mayer und Schmidt KG« oder »Mayer und Schmidt Verwaltungs-KG«.

Die zweite Möglichkeit ist, daß die Besitzgesellschaft ihren Firmennamen in vollem Umfang beibehält (»Mayer und Schmidt KG«) und die Betriebsgesellschaft neben dem Firmenkern einen Zusatz annimmt: »Mayer und Schmidt Rohrleitungs- und Tiefbau GmbH«. 28

II. STEUERRECHTLICHE FRAGEN BEI DER DURCHFÜHRUNG DER AUFSPALTUNG

1. Keine Ertragsteuern bei bestimmten persönlichen und sachlichen Voraussetzungen

Bei der Aufspaltung eines Unternehmens in zwei rechtlich selbständige Gebilde werden stille Reserven nicht aufgedeckt und es entsteht kein Veräußerungsgewinn (Buchwertfortführung), wenn bestimmte persönliche und sachliche Voraussetzungen erfüllt werden. 29

a) Persönliche Voraussetzungen

Der Große Senat hat in seinem Beschluß vom 8. 11. 1971 den »einheitlichen geschäftlichen Betätigungswillen« als erste Voraussetzung für die steuerliche Anerkennung der Betriebsaufspaltung angesehen. 30

Dieser einheitliche geschäftliche Betätigungswillen besteht nach Auffassung des BFH dann, wenn die Personen, die das Unternehmen tatsächlich beherrschen, in der Lage sind, auch in der Betriebsgesellschaft ihren Willen durchzusetzen[94].

Damit hat der Große Senat die Frage entschieden, ob die personelle Verflechtung als Beteiligungsidentität bestehen muß oder Beherrschung der beiden Unternehmen genügt. Der Große Senat läßt aber 31

---

94 Zur Kritik an dem „einheitlichen geschäftlichen Betätigungswillen" vgl. Keuk, Gewerbesteuerpflicht..., aaO, S. 209; daß eine Änderung der Rechtsprechung des BFH vorläufig jedoch nicht zu erwarten ist, bestätigt Woerner, aaO, S. 594

offen, unter welchen Voraussetzungen eine ausreichende Beherrschung besteht[95].

32 Eine ausreichende Beherrschungsmöglichkeit kann auf der *Kapitalbeteiligung* und/oder auf der *Stimmrechtsregelung* beruhen. Felix geht soweit, daß er in gewissen Fällen *stille Beteiligungen*, *Unterbeteiligungen* oder einen *Nießbrauch* als ausreichende Beherrschungsmöglichkeit ansieht[96].

Der IV. Senat[97] erklärte sogar ausdrücklich, daß die Fähigkeit der das Besitzunternehmen beherrschenden Person, ihren geschäftlichen Betätigungswillen in der Betriebsgesellschaft durchzusetzen, nicht notwendig einen bestimmten Anteilsbesitz an der Betriebsgesellschaft erfordert: »Sie (die Fähigkeit) kann ausnahmsweise auch auf Grund einer durch die Besonderheiten des Einzelfalls bedingten t a t s ä c h l i c h e n M a c h t s t e l l u n g in der Betriebsgesellschaft gegeben sein«.

33 Wann eine ausreichende *Kapitalbeteiligung* gegeben ist, ist auch heute noch völlig offen. Auf Grund der Entscheidung des Großen Senats vom 8. 11. 1971 könnte man davon ausgehen, daß bei einer über 50 %-Beteiligung der Gesellschafter des Besitzunternehmens oder des Besitzunternehmens selbst an der Betriebsgesellschaft eine Beherrschung der Betriebsgesellschaft sichergestellt ist[98], es sei denn, es liegen besondere, den Minderheitsgesellschaftern eingeräumte vertragliche Vetorechte vor.

34 Auf dieser Linie liegt die Entscheidung des IV. Senats vom 2. 8. 1972[99]. Der IV. Senat prüft nur, ob der oder die Gesellschafter des Besitzunternehmens zu mehr als 50 % an der Betriebsgesellschaft

---

95 Eine Beherrschung wurde schon vorher von dem IV. Senat des *BFH* für ausreichend erachtet, vgl. Urteile vom 25. 7. 1968, BStBl. 1968 II S. 677 und vom 9. 7. 1970, BStBl. II S. 720, BB 1970 S. 1337; dagegen forderten der I. Senat und einige Finanzgerichte bisher völlige oder annähernde Identität, vgl. *BFH*, 24. 1. 1968, BStBl. 1968 II S. 354, BB 1968 S. 825; *BFH*, 3. 12. 1969, BStBl. 1970 II S. 223, BB 1970 S. 338; *BFH*, 12. 3. 1970, BStBl. 1970 II S. 439, BB 1970 S. 1241; *Niedersächs. FG* 17. 11. 1969, EFG 1970 S. 88, BB 1970 S. 481; *FG Nürnberg*, 13. 7. 1970, EFG 1971 S. 40
96 *Felix*, Besteuerung der . . ., aaO, S. 7
97 Urteil vom 29. 7. 1976, IV R 145/72, BFHE 119 S. 384, BStBl. 1976 II S. 750, BB 1976 S. 1262
98 So auch der I. Senat zur Beherrschung einer Kapitalgesellschaft durch einen Gesellschafter-Geschäftsführer, *BFH*, 8. 1. 1969, BStBl. 1969 II S. 347, BB 1969 S. 522 mit Anm. *Risse*
99 BStBl. 1972 II S. 796, BB 1972 S. 1129; vgl. auch *Barth*, Zur neueren Rechtsprechung . . ., aaO, S. 2231, der darauf hinweist, daß gegen dieses BFH-Urteil Verfassungsbeschwerde erhoben wurde (Verstoß gegen Art. 1 Abs. 1 und Art 3 Abs. 1 GG)

beteiligt sind und hält eine solche Mehrheitsbeteiligung für ausreichend, um eine Beherrschung im Sinne des Beschlusses des Großen Senats vom 8. 11. 1971 annehmen zu können.

Der IV. Senat lehnt in seinem Urteil die Entscheidung des I. Senats vom 19. 4. 1972[100] mehr oder weniger ab.

In dieser Entscheidung vertritt der I. Senat die Auffassung, daß **35** selbst bei einer 90 %-Personenidentität der beiden Unternehmen die Geltendmachung von Minderheitsrechten nach den §§ 50 und 61 Abs. 2 GmbHG möglich, und damit eine tatsächliche Beherrschung in Frage gestellt sein kann.

In seiner Entscheidung vom 18. 10. 1972[101] verlangt der I. Senat eine mindestens 75 %-Beteiligung an beiden Gesellschaften. Diese mindestens 75 %-Beteiligung müsse der in Frage kommende Gesellschafter allein oder zusammen mit Personen, die nachweisbar mit ihm zusammenwirken, erreichen. Der Nachweis, daß trotz eines entsprechenden Anteilbesitzes eine Beherrschung der Betriebsgesellschaft nicht gegeben oder trotz eines nur geringeren Anteilbesitzes gleichwohl gegeben sei, sei möglich. Für die Frage des Zusammenwirkens gelte die — widerlegbare — Vermutung, daß der Gesellschafter die Rechte seiner gleich ihm beteiligten Ehefrau und seiner minderjährigen Kinder in Gleichrichtung mit seinen eigenen Interessen wahrnimmt[102].

Birkholz[103] sieht in den Entscheidungen des I. Senats vom 19. 4. 1972 **36** und 18. 10. 1972 keinen Widerspruch zur Entscheidung des IV. Senats vom 2. 8. 1972, da auch bei dem Urteil vom 2. 8. 1972 die gleichen Personen über 80 % der Anteile am Besitzunternehmen und über 85 % der Anteile an der Betriebsgesellschaft hielten.

Andererseits läßt sich mit *Leingärtner*[104] aus dem Urteil des IV. **37** Senats vom 2. 8. 1972 über den konkreten Fall hinaus entnehmen, daß eine über 50 %-Kapitalbeteiligung an beiden Gesellschaften genügt, um eine Betriebsaufspaltung und keine Fremdverpachtung anzunehmen. Sind zwei Gesellschafter an der Besitzgesellschaft mit 50:50 und an der Betriebs-GmbH mit 88:12 beteiligt, so sollen diese unterschiedlichen Beteiligungsverhältnisse nach einem Urteil des

---

100 BStBl. 1972 II S. 634, BFHE 105 S. 495
101 BStBl. 1973 II S. 27, BB 1972 S. 1447/48, FR 1972 S. 539; vgl. auch sein Urteil vom 3. 11. 1972, BFHE 108 S. 492, BStBl. 1973 II S. 447, BB 1973 S. 602
102 Vgl. dazu auch *BFH*, 20. 11. 1966, BStBl. 1967 III S. 153, BB 1967 S. 239
103 FR 1972 S. 540 und BB 1974 S. 1478
104 AaO, S. 452

IV. Senats vom 23. 11. 1972[105] der Annahme eines einheitlichen geschäftlichen Betätigungswillens bei beiden Unternehmen grundsätzlich nicht entgegenstehen.

38 Die Finanzverwaltung hat die Diskrepanz aus der einander widersprechenden Rechtsprechung des I. und IV. Senats des Bundesfinanzhofes dadurch gelöst, daß sie in einem koordinierten Ländererlaß bestimmte, daß von den Grundsätzen des IV. Senats, Urteil vom 2. 8. 1972, auszugehen ist[106].

Das Hess. FG[107] sah bei einer 60 %-Beteiligung (eines Ehepaares) die Voraussetzungen einer Betriebsaufspaltung als gegeben an, und zwar wurde in diesem Urteil der einheitliche geschäftliche Betätigungswillen bei diesen Mehrheitsverhältnissen auch dann bejaht, wenn die 60 %-Beteiligung nicht ausreicht, um den Gesellschaftsvertrag gegen den Willen der anderen Gesellschafter zu ändern oder die Auflösung der Gesellschaft zu beschließen.

39 Eine ausreichende Beherrschung kann auch durch eine besondere vertragliche *Stimmrechtsregelung* erreicht werden. Zwar gewähren nach § 47 Abs. 2 GmbHG jede 100,— DM eines Geschäftsanteils eine Stimme, doch ist eine hiervon abweichende satzungsgemäße Vereinbarung möglich.

40 Der I. Senat des BFH hat bisher die seines Erachtens erforderliche Gleichheit — nunmehr »einheitlicher geschäftlicher Betätigungswille« — der Beteiligten an Besitz- und Betriebsgesellschaft verneint, wenn eine Person an der Besitzgesellschaft als *stiller Gesellschafter* und an der Betriebsgesellschaft als Gesellschafter in unterschiedlicher Höhe beteiligt ist[108]. Dagegen hatte der IV. Senat zum gleichen Sachverhalt für frühere Erhebungszeiträume eine gegenteilige Auffassung vertreten[109].

Nach der Entscheidung des Großen Senats vom 8. 11. 1971 wird man auch hinsichtlich der stillen Beteiligung auf die tatsächlichen Beherrschungsmöglichkeiten abstellen müssen: Hat der still Beteiligte die Stellung, wie sie die gesetzliche Regelung einräumt (§§ 335 ff. HGB), dann hat er keinen Einfluß auf die Unternehmensführung.

---

105 IV R 63/71, BStBl. 1973 II S. 247, BB 1973 S. 374 mit Anm. *Labus*
106 *Niedersächs. Finanzministerium,* Erlaß vom 21. 2. 1974 — G 1400-24-31 2, BB 1974 S. 360 mit Anm. *Labus*
107 Urt. vom 29. 1. 1975, VIII 70/74, EFG 1975 S. 328, DStZ/B 1975 S. 187, DB 1975 S. 2013 (Revision eingelegt; AZ des BFH: IV R 69/75)
108 Vgl. *BFH,* 3. 12. 1969, BStBl. 1970 II S. 223, BB 1970 S. 338 mit Anm. *Henninger* in FR 1970 S. 369 und *Littmann* in DStR 1970 S. 212
109 *BFH,* 8. 9. 1960, StRK GewStG § 2 Abs. 1 R 125

Liegen die Verhältnisse so, wie in den beiden vorgenannten BFH-Urteilen — an einem Einzelunternehmen war der Schwager des Einzelunternehmers als stiller Gesellschafter mit einem Gewinnanteil von 30 % beteiligt, die Anteile an der Betriebsgesellschaft wurden in Höhe von 45 % von dem Einzelunternehmer, in Höhe von 35 % von seiner Ehefrau und in Höhe von je 10 % von seiner Tochter und seinem Schwager gehalten — so ist eine tatsächliche Beherrschung durch den Einzelunternehmer gegeben, es sei denn, durch vertragliche Vereinbarungen wurden Minderheitsgesellschaftern Vetorechte eingeräumt, die jede Maßnahme des Mehrheitsgesellschafters einschließlich seiner Familienangehörigen blockieren. Auf die Unterscheidung des I. Senats, daß stille Beteiligung und die Beteiligung als Gesellschafter einer Kapitalgesellschaft wesensfremd sind, kann es nicht mehr ankommen[110].

Unterbeteiligungen begründen keine Rechtsbeziehungen zwischen **41** Gesellschaftern, sondern sagen nur etwas über das Verhältnis zwischen dem Gesellschafter und dem an seinem Geschäftsanteil beteiligten Dritten aus. Dieses reine Innenverhältnis muß für die Frage, ob eine ausreichende Beherrschungsmöglichkeit i. S. der Entscheidung des großen Senats vom 8. 11. 1971 vorliegt, unbeachtlich sein.

Henninger[111] weist aber mit Recht darauf hin, daß etwas anderes gelten kann, wenn z. B. ein Gesellschafter der Betriebsgesellschaft an dem Besitzunternehmen in der Weise unterbeteiligt ist, daß er gemäß § 11 Nr. 2 StAnpG (ab 1. 1. 1977: § 39 Abs. 2 Nr. 1 S. 2 AO 1977) in Verbindung mit § 15 Abs. 1 Nr. 2 EStG selbst als Mitunternehmer angesehen werden muß.

Ist an einem Gesellschaftsanteil der Betriebskapitalgesellschaft ein **42** *Nießbrauch* eingeräumt, so ist dies ohne Bedeutung, wenn das Stimmrecht weiterhin dem Gesellschafter und nicht dem Nießbraucher zusteht.

Eine ausreichende Beherrschungsmöglichkeit kann auch durch **43** m i t t e l b a r e B e t e i l i g u n g gegeben sein[112].

Weiterhin umstritten ist, ob ein Gesellschafter *allein* auf Grund **44** seiner Kapitalbeteiligung, seines Stimmrechts, gegebenenfalls seiner stillen Beteiligung, seiner Unterbeteiligung oder seines Nieß-

---
110 So wohl auch *Felix,* Besteuerung . . ., aaO, S. 7
111 Beteiligungsverhältnisse . . ., aaO, S. 370; vgl. auch DB 1970 S. 1105
112 *BFH,* 14. 8. 1974, BStBl. 1975 II S. 112, BB 1975 S. 84, DStZ/A 1975 S. 110 mit Anm. v. *Wallis,* FR 1975 S. 74; vgl. auch hierzu *Herrmann/Heuer,* aaO, Anm. 13 e zu § 15 EStG

brauchs unmittelbar oder mittelbar die ausreichende Beherrschungsmöglichkeit haben muß oder ob es genügt, daß eine durch verwandtschaftliche Beziehungen verbundene Personengruppe mehrheitlich oder sonstwie beherrschend an beiden Unternehmen beteiligt ist.

Der Große Senat hat hierzu nicht Stellung genommen. Vor dem Beschluß des Großen Senats vom 8. 11. 1971 haben sich u. a. Felix/Korn[113] und Eckhardt[114] gegen eine Zusammenrechnung ausgesprochen.

45 Beachtlich sind insbesondere die vorgebrachten verfassungsrechtlichen Bedenken: Das BVerfG hat mehrmals betont[115], wenn auch in anderem Zusammenhang, daß es gegen Art. 6 Abs. 1 GG verstößt, wenn allein aus der Tatsache der Eheschließung gefolgert wird, daß zwischen den Ehegatten eine gleichgerichtete Willensbildung erfolgt. Übertragen auf die Betriebsaufspaltung würde dies bedeuten, daß eine Zusammenrechnung von Ehegattenanteilen zukünftig nicht mehr möglich ist[116].

Demgegenüber haben der I. Senat und der IV. Senat übereinstimmend bei der Prüfung der Beteiligungsidentität die Anteile von Ehegatten zusammengerechnet[117].

Durch die Entscheidung des Großen Senats vom 8. 11. 1971 hat sich für diese Frage nichts Neues ergeben.

46 Der I. Senat hat in seiner Entscheidung vom 18. 10. 1972 — wie bereits dargelegt — die widerlegbare Vermutung aufgestellt, daß der Gesellschafter einer GmbH die Rechte seiner Ehefrau und seiner minderjährigen, wirtschaftlich von ihm abhängigen Kinder wahrnimmt. Für das Bewertungsrecht hat der III. Senat des BFH[118] mehrmals die Zulässigkeit der Zusammenrechnung von Ehegattenanteilen nach dem Stuttgarter-Verfahren (Abschn. 80 Abs. 3 S. 2 VStR 1977) bejaht und sich dabei auch auf die Rspr. des I. Senats zur Betriebsaufspaltung berufen.

---

113 AaO, S. 136
114 AaO, S. 133
115 Vgl. Beschlüsse vom 22. 7. 1970, BStBl. 1970 II S. 652, BB 1970 S. 995 zu Pensionsrückstellungen für Arbeitnehmer-Ehegatten
116 Vgl. hierzu auch *Labus*, BB 1970 S. 1340; gegen eine Zusammenrechnung auch *Fichtelmann*, aaO, S. 295 und *Littmann*, Zur Frage . . ., aaO, S. 51 hinsichtlich volljähriger und minderjähriger Kinder
117 Vgl. *BFH*, 12. 3. 1970, BStBl. 1970 II S. 439, BB 1970 S. 1241; *BFH*, 9. 7. 1970, BStBl. 1970 II S. 720, BB 1970 S. 1337
118 Z. B. Urteil vom 24. 1. 1975, BFHE 115, S. 58, BStBl. II S. 374, BB 1975 S. 502

Damit werden aber die verfassungsrechtlichen Probleme nicht voll ausgeräumt[119]. Doch muß man zunächst von der Zusammenrechnung ausgehen.

Bei der Beteiligung von minderjährigen Kindern waren bisher die beiden BFH-Urteile vom 1. 2. 1973[120] zu beachten: Danach sollen minderjährige Kinder steuerlich als Mitunternehmer nur anerkannt werden, wenn für die Dauer der Minderjährigkeit nach § 1909 BGB ein Ergänzungspfleger bestellt ist, weil nur unter dieser Voraussetzung der tatsächliche Vollzug der Gesellschaftsrechte der Kinder gesichert sein soll. Die Vermutung, daß der Vater als Gesellschafter die Rechte seiner minderjährigen Kinder wahrnimmt[121], könnte nach dieser Rechtsprechung nicht mehr zum Zuge kommen[122]. Die Auffassung des BFH (Urteil vom 1. 2. 1973) war nicht haltbar: Es muß genügen, wenn wie bisher, beim Abschluß oder für Ergänzungen des Gesellschaftsvertrages ein Pfleger bestellt wird. Die Bestellung eines Dauerpflegers ist m. E. gemäß § 1909 BGB unzulässig[123].

§ 1909 BGB setzt voraus, daß die Eltern an der Besorgung einer Angelegenheit ihres minderjährigen Kindes tatsächlich oder rechtlich verhindert sind.

Eine tatsächliche Verhinderung der Eltern an der Wahrnehmung der Rechte der Minderjährigen aus der Beteiligung liegt nicht vor. Eine rechtliche Verhinderung nach den §§ 181, 1629 Abs. 2, 1795 BGB setzt voraus, daß es sich bei den von den Eltern für das Kind wahrzunehmenden Angelegenheiten um ein Rechtsgeschäft oder einen Rechtsstreit handelt. Beides liegt nicht vor, da insbesondere die Wahrnehmung der Rechte der Minderjährigen aus ihren Beteiligungen kein Rechtsgeschäft darstellt.

---

119 Vgl.auchDB 1972 S. 2089
120 BStBl. 1973 II S. 309, BB 1973 S. 370/371 und BStBl. 1973 II S. 307
121 Vgl. BFH, 18. 10. 1972, Fußnote 101 Tz 35
122 *Ohne Verfasser*, DB 1974 S. 643/644
123 Ebenso: *AG Hamburg*, 6. 7. 1973, DB 1973 S. 1391, bestätigt durch *LG Hamburg*, 8. 11. 1973, DB 1974 S. 181; *OLG Hamm*, 22. 3. 1974, BB 1974 S. 574, DB 1974 S. 815, *BGH*, 18. 9. 1975, BB 1975 S. 1452; *Niedersächs. FG*, 17. 5. 1973, EFG 1973 S. 400 (dagegen ist unter dem BFH-Aktenzeichen IV R 73/73 Revision eingelegt worden); *LG Berlin*, 14. 2. 1974, NJW 1974 S. 1200, *Sudhoff*, Darf für einen..., aaO, S. 598; *Rosenau*, Ergänzungspfleger..., aaO, S. 977; *Risse*, aaO, S. 690; *Priester*, aaO, S. 276; *Sauer*, Bei Gesellschaftsgründung..., aaO, S. 114; *Bordewin*, aaO, S. 1154; *Schulze zur Wiesche*, aaO, S. 593; *Flume*, aaO, S. 794; *Böttcher-Beinert/Hennerkes*, aaO, S. 84
Anderer Ansicht: *OLG Frankfurt*, 24. 9. 1973, BB 1973 S. 128, NJW 1973 S. 2113; *OLG Hamburg*, 22. 1. 1974, 2 W 123/73 und 2 W 124/73; *Herrmann*, aaO, S. 392; *Schmidt*, aaO, S. 176

Der BFH hat in seinem Urteil vom 29. 1. 1976[124] seine Rechtsauffassung, wie sie in dem Urteil vom 1. 2. 1973[120] zum Ausdruck kam, aufgegeben. Damit ist klargestellt, daß für die einkommensteuerrechtliche Anerkennung einer Familienpersonengesellschaft mit minderjährigen Kindern es nicht erforderlich ist, daß für jedes als Gesellschafter beteiligtes Kind während der Dauer der Minderjährigkeit ein Ergänzungspfleger (= Dauerpfleger) bestellt wird.

48 Außer Betracht gelassen werden müssen m. E. die Anteile von volljährigen Kindern und sonstigen Verwandten. Wirtschaftlich gleiche Interessen können hier nicht ohne weiteres unterstellt werden, so daß die Beherrschungsmöglichkeit, an die strenge Anforderungen zu stellen sind, nicht eindeutig gegeben ist[125].

49 Nach einem Urteil des Finanzgerichts Münster vom 14. 1. 1972[126] kann die erforderliche personelle Identität auch dann gegeben sein, wenn die Gesellschafter der Besitzgesellschaft ihre Beteiligungen an der Betriebskapitalgesellschaft in ein von ihnen beherrschtes ausländisches Holdingunternehmen eingebracht haben und von diesem treuhänderisch verwalten lassen.

50 Eine ausreichende Beherrschung kann nicht durch die eingeräumte Geschäftsführung entstehen[127].

b) Sachliche Voraussetzungen

51 Als zweite Voraussetzung für die steuerliche Anerkennung der Betriebsaufspaltung hat der Große Senat die »Überlassung der wesentlichen Betriebsgrundlagen« durch die beherrschenden Gesellschafter genannt. Damit müssen zunächst einmal die verpachteten Wirtschaftsgüter die w e s e n t l i c h e n Betriebsgrundlagen der Betriebsgesellschaft sein. Daneben ist aber ebenso erforderlich, daß die verpachteten Wirtschaftsgüter wesentliche Betriebsgrundlagen der Besitzgesellschaft sind. Letzteres hat der Große Senat nicht ausdrücklich betont; er hat aber auch nicht die bisherige Rechtsprechung[128] hierzu aufgehoben, so daß weiterhin hier-

---

124 IV R 102/73, BStBl. 1976 II S. 328, BB 1976 S. 589
125 So auch *FG Nürnberg,* 13. 7. 1970, EFG 1971 S. 40
126 EFG 1972 S. 303
127 *Felix,* Besteuerung . . ., aaO, S. 7; ob eine beiderseitige Willensdurchsetzung noch gegeben ist, sofern in Erbfällen beim Besitzunternehmen ein Testamentsvollstrecker eingesetzt ist, kann nur von Fall zu Fall entschieden werden, vgl. DB 1973 S. 28
128 *BFH,* 24. 1. 1968, BStBl. 1968 II S. 354, BB 1968 S. 825; *BFH,* 24. 6. 1969, BStBl. 1970 II S. 17, BB 1970 S. 115

von als Voraussetzung für die Betriebsaufspaltung ausgegangen werden muß[129].

Nachfolgend soll letztere Voraussetzung nicht weiter herausgestellt werden, da im Regelfall — Verpachtung an nur ein Betriebs- oder Vertriebsunternehmen — immer die wesentlichen Betriebsgrundlagen Gegenstand der Verpachtung sind. Jedenfalls müssen kein Betrieb oder Teilbetrieb übertragen werden, sondern nur einzelne, wenn auch wesentliche Betriebsgrundlagen.

Abschn. 139 Abs. 7 EStR 1975 weist darauf hin, daß nur im Einzelfall bestimmt werden kann, was als »wesentliche Grundlage« eines Betriebes angesehen werden kann[130]. Der unbestimmte Rechtsbegriff »wesentliche Betriebsgrundlage« findet sich nicht nur bei der Betriebsaufspaltung, sondern auch bei der betrieblichen Fremdverpachtung, der Betriebs- und Teilbetriebsveräußerung, der unentgeltlichen Betriebsübertragung usw.[131]. — 52

Die Wirtschaftsgüter sind wesentliche Grundlagen eines Betriebes, die bei einer Gesamtschau im Einzelfall für die Betriebsführung einiges Gewicht besitzen und bei denen es wirtschaftlich einen deutlichen Unterschied ausmacht, ob sie sich im Eigenbesitz des Unternehmens befinden oder von fremden Eigentümern gemietet oder gepachtet sind. Daraus folgt andererseits, daß Wirtschaftsgüter nicht schon ohne weiteres deshalb nicht als wesentlich anzusehen sind, weil sie auch von fremden Eigentümern gemietet oder gepachtet werden könnten[132]. — 53

Wesentliche Betriebsgrundlagen sind die Anlagegüter, insbesondere *Betriebsgrundstücke*. Das müssen nicht ausschließlich Produktionsgrundstücke sein, auch Verwaltungsgrundstücke können darunter fallen. Dabei genügt es, wenn das überlassene Grundstück eine der wesentlichen Betriebsgrundlagen darstellt[133]. — 54

Zweifelhaft kann sein, ob Betriebsräume auch dann ohne weiteres als wesentliche Betriebsgrundlagen angesehen werden können, — 55

---
129 So auch *Fichtelmann*, aaO, S. 294; vgl. neuerdings: BFH, 21. 5. 1974, BB 1974 S. 1057, DB 1974 S. 1511
130 So auch BFH, 18. 2. 1971, BStBl. 1971 II S. 485, BB 1971 S. 810
131 Vgl. *Richter*, Zum Begriff..., aaO, S. 40; zu den unterschiedlichen Rechtsfolgen bei der Betriebsaufspaltung und der Teilbetriebsausgliederung vgl. *Rose*, aaO, S. 285
132 BFH, 24. 6. 1969, BStBl. 1970 II S. 17, BB 1970 S. 115 zur uneigentlichen Betriebsaufspaltung
133 BFH, 21. 5. 1974, BStBl. 1974 II S. 613, BB 1974 S. 1057; vgl. auch DB 1975 S. 477/478 und Abschn. 15 Abs. 5 GewStR 1975

wenn es sich um einfache gewerbliche Räume in einem gewöhnlichen gemischt-genutzten Grundstück handelt, die nicht nach besonderen Anforderungen des sie benutzten Betriebs eingerichtet sind. Der BFH hat in seinem Urteil vom 24. 1. 1968[134] die Frage offengelassen. Das FG Baden Württemberg[135] hat Ladenräume, die ein Alleingesellschafter einer GmbH dieser zum Betrieb von Kaufhausfilialen vermietete, nicht als wesentliche Grundlage für den Betrieb der GmbH angesehen, während das FG Münster[136] Betriebsräume als wesentliche Betriebsgrundlage ohne Rücksicht darauf bejahte, ob diese speziell hergerichtet und ausgebaut sind oder nicht. Der Auffassung des FG Münster kann nicht zugestimmt werden: Die Betriebsaufspaltung ist eine durch die Rechtsprechung entwickelte besondere Form der Verpachtung von Wirtschaftsgütern etc., die nur bejaht werden kann, wenn gegenüber der normalen Verpachtung besondere Kriterien vorliegen, z. B. bei wesentlichen Einbauten der Pächterin etc.[137].

56 Unbebaute Grundstücke können im Einzelfall ausnahmsweise wesentliche Betriebsgrundlagen sein[138]. In der Regel ist der unbebaute Grund und Boden nicht wesentliche Betriebsgrundlage[139]. Wird zunächst ein unbebautes Grundstück zur Verfügung gestellt und baut die Betriebsgesellschaft ein Produktions- oder Bürogebäude auf diesem Grundstück, dann wird dieses bebaute Grundstück wesentliche Betriebsgrundlage.

57 Vermeiden kann man m. E. dieses Ergebnis, wenn das unbebaute Grundstück nicht pachtweise, sondern durch Erbbaurechtsvertrag überlassen wird[140].

---

134 BStBl. 1968 II S. 354, BB 1968 S. 825
135 9. 2. 1971, EFG 1971 S. 549
136 Urt. vom 19. 9. 1975, EFG 1976 S. 196; a. A. *ohne Verfasser*, Besondere Gebäudegestaltung..., aaO, S. 1457
137 Zu bebauten Grundstücken als wesentliche Betriebsgrundlagen vgl. weiter *BFH*, 9. 6./3. 11. 1959, BStBl. 1960 S. 50, BB 1960 S. 31/32 mit Anm. *Grieger* (Garagenbetrieb mit 42 Einzelboxen und 72 Hallenplätzen, Tankstelle); *BFH*, 16. 1. 1962, BStBl. 1962 S. 104, BB 1962 mit Anm. *Grieger* und *Jurkat* (Fabrikgebäude einer Kleiderfabrik); *BFH*, 25. 7. 1968, BStBl. 1968 II S. 677 (Hotelgrundstück); *FG München*, 30. 3. 1967, EFG 1967 S. 515 (Allzweckhalle für Großhandlung); *FG Baden-Württemberg*, 18. 7. 1972, EFG 1972 S. 505 (Verkaufs- und Lagerräume)
138 *FG Rheinland-Pfalz*, 11. 12. 1970, EFG 1971 S. 244 (Basaltgrundstück)
139 *FG Saarland*, 18. 6. 1964, EFG 1964 S. 591 (Lagerplatz einer Bauunternehmung); vgl. hierzu auch DB 1970 S. 132
140 Die Belastung eines Betriebsgrundstückes mit einem Erbbaurecht stellt keine Entnahme des Grundstücks aus dem Betriebsvermögen dar, *BFH*, 26. 2. 1970, BStBl. 1970 II S. 419, BB 1970 S. 740; wegen der Gewerbesteuer vgl. Tz E 32 ff.

Ein ganzer *Maschinenpark* kann die wesentliche Betriebsgrundlage darstellen, nicht aber die Verpachtung einzelner Maschinen. Umstritten ist, ob es eine Rolle spielt, daß die Betriebsgesellschaft neben gepachteten auch eigene Maschinen hat. Das FG Kassel[141] stellt hierzu auf den Umfang des angepachteten Vermögens ab und nimmt bei einer 20 %-Hinzupachtung keine Betriebsaufspaltung mehr an[142].

Als wesentliche Betriebsgrundlagen können in der Regel für sich allein nicht angesehen werden:

Erfindungen, Dienstleistungen, stille Beteiligungen und Darlehen[143]. Das FG Düsseldorf[144] hat eine bei einer Aufspaltung begründete Darlehensforderung, die neben den gewährten Anteilsrechten das Entgelt für die der Betriebsgesellschaft überlassenen Vermögenswerte darstellt, als zum notwendigen Betriebsvermögen gehörend angesehen.

Für die Frage, ob wesentliche Betriebsgrundlagen überlassen werden oder nicht, kann es keine Rolle spielen, ob die Wirtschaftsgüter gegen ein Entgelt oder unentgeltlich überlassen werden[145]. Diente ein Grundstück vor der Betriebsaufspaltung nur zur Hälfte der Produktion und war die andere Hälfte fremd vermietet, dann war das Grundstück vor der Betriebsaufspaltung bei einer Personengesellschaft insgesamt Betriebsvermögen (vgl. Abschn. 14 Abs. 9, 10 EStR 1975).

Daran ändert sich auch nach der Betriebsaufspaltung nichts. Es bleibt den Beteiligten aber unbenommen, den fremd vermieteten Teil des Grundstücks — unter Auflösung der stillen Reserven — aus dem Betriebsvermögen zu entnehmen und ins Privatvermögen überzuführen. Soweit keine Entnahme und Überführung ins Privatvermögen erfolgt, könnte man die Gewerbesteuer auf die vereinnahmten Mieten für den fremdvermieteten Teil des Grundstücks u. U. dadurch sparen, daß das Besitzunternehmen wegen § 2 Abs. 2 Nr. 1 GewStG in der Rechtsform einer Bruchteilsgemeinschaft (§§ 741 ff. BGB), u. U. auch einer BGB-Gesellschaft, geführt wird. Eine Gewinnrealisierung tritt auch nach der Entscheidung des Großen Senats des BFH vom 8. 11. 1971 in den Fällen nicht ein,

---
141 10. 12. 1963, EFG 1964 S. 329, BB 1964 S. 546 mit Anm. *Jurkat*
142 So auch *Felix/Korn*, aaO, S. 135, die ebenfalls auf den Umfang des angepachteten Vermögens im Verhältnis zum eigenen Maschinenpark abstellen
143 *Felix*, Besteuerung..., aaO, S. 12
144 12. 11. 1965, EFG 1966 S. 163
145 So auch *Lersch/Schaaf*, aaO, S. 440; beachte aber *BFH*-Urteil vom 12. 7. 1973, BStBl. 1973 II S. 842, BB 1973 S. 1426 und Mienert, aaO, S. 140

wenn im Zuge einer Betriebsteilung einzelne Wirtschaftsgüter des bisherigen Unternehmens in die Betriebsgesellschaft eingebracht werden und andere Wirtschaftsgüter an die Betriebsgesellschaft verpachtet werden. Mit Wendt[146] ist davon auszugehen, daß die Betriebsaufspaltung keine Veräußerung einzelner Wirtschaftsgüter darstellt, sondern ein Vorgang ist, welcher der Einbringung eines Betriebes in eine Kapitalgesellschaft gleichkommt.

2. Die möglichen Tatbestände aus umsatzsteuerlicher Sicht

Es muß unterschieden werden:

61 a) Ein *Einzelunternehmer* bringt im Rahmen einer Betriebsaufspaltung Teile seines Betriebsvermögens in eine neu gegründete GmbH als Kapitaleinlage ein und erhält dafür Gesellschaftsrechte; teilweise werden von der GmbH auch Schulden des Einzelunternehmers übernommen.

62 Das Übertragen von Sachwerten des Einzelunternehmers auf die neue Betriebsgesellschaft zu deren Gründung gegen Gewährung von Gesellschaftsrechten und gegen die teilweise Übernahme von Schulden ist kein innerbetrieblicher Vorgang, sondern ein steuerbarer Leistungsaustausch (§ 1 Abs. 1 Nr. 1 UStG)[147]. Ein Organschaftsverhältnis kann zu diesem Gründungszeitpunkt noch nicht angenommen werden.

63 Nach § 4 Nr. 9a UStG ist diese Veräußerung (Einbringen beweglicher Sachwerte) jedoch umsatzsteuerfrei, da die Kapitaleinlage bei der GmbH der Gesellschaftsteuer (§ 2 Abs. 1 Nr. 1 KVStG) unterliegt[148].

64 Soweit die GmbH Schulden übernimmt, also für die eingebrachten Sachwerte keine Gesellschaftsrechte eingeräumt werden, ist Umsatzsteuer zu entrichten. Die Aufteilung des Entgelts hat nach den im BFH-Urteil vom 23. 7. 1964[149] aufgestellten Grundsätzen zu erfolgen.

---

146 Die Betriebsaufspaltung im Steuerrecht..., aaO, S. 37 und ohne Verfasser, Gewinnrealisierung..., aaO, S. 2059 Bedenken: *Littmann*, Auswirkungen..., aaO, S. 399; *Herrmann/Heuer*, aaO, Komm. z. EStG, § 15 Anm. 13 e
147 So auch Vfg. *OFD Saarbrücken*, 9. 7. 1972, S. 7522 — 6 — St 24, UStR 1972 S. 186 unter Hinweis auf mehrere BFH-Entscheidungen
148 Steuersatz ab 1. 1. 1974 1 %, § 9 Abs. 1 Nr. 2 KVStG
149 BStBl. 1964 III S. 536, BB 1964 S. 1160; ebenso *BFH*, 22. 4. 1971, BStBl. 1971 II S. 657, BB 1971 S. 1225

Soweit eingebrachte Wirtschaftsgüter der Selbstverbrauchsteuer 65
unterlegen haben (§ 30 UStG) und das Einbringen vor dem 1. 1.
1973 geschah und steuerpflichtig war (z. B. Übertragung gegen
Übernahme von Schulden), steht dem Einzelunternehmer ein Kürzungsanspruch nach § 30 Abs. 7 UStG zu. Ähnliches gilt für die in
der Zeit vom 9. 5. 1973 bis 30. 11. 1973 erhobene Selbstverbrauchsteuer[150].

b) Ausgangspunkt der Aufspaltung ist eine *Personengesellschaft*.
Dabei sind, wie bereits gezeigt, mehrere Möglichkeiten gegeben:
Errichtet die Personengesellschaft selbst sowie ein zur Gesell- 66
schaftsgründung nötiger Dritter die GmbH, ist die Personengesellschaft also selbst Gesellschafterin der GmbH, so ist die Übertragung des Betriebsvermögens umsatzsteuerlich nach den gleichen
Grundsätzen zu werten, wie bei dem Einzelunternehmer. Es liegt
nur eine Veräußerung vor, die nach § 4 Nr. 9a UStG wegen der
Gesellschaftsteuerpflicht von der Umsatzsteuer befreit ist.

Übernehmen dagegen die Gesellschafter der Personengesellschaft 67
die Anteile an der GmbH, so liegen zwei Veräußerungen, zwei
steuerbare Umsätze vor[151].

RFH, OFH und BFH haben, vom Zivilrecht ausgehend, dabei darauf
hingewiesen, daß das Gesamthandsverhältnis beendet werde (Umwandlung in Bruchteilseigentum): Die Personengesellschaft übertrage zunächst ihr Vermögen auf ihre Gesellschafter (erste Veräußerung) und jeder einzelne Gesellschafter übertrage dann seinen
Anteil auf die GmbH (zweite Veräußerung).

Nachdem diese Entscheidung in der Literatur zum Teil heftig 68
kritisiert wurde[152], hat der BFH in seiner Entscheidung vom 20. 2.
1958[153] zugestanden, »daß der Übergang des Vermögens von einer
Gesamthandsgemeinschaft auf eine juristische Person bei wirtschaftlicher Betrachtungsweise auch unmittelbar erfolgen kann«.
In diesem Fall würde ebenfalls nur *eine* umsatzsteuerbare Veräußerung vorliegen, die wegen der Gesellschaftsteuerpflicht keine
Umsatzsteuerpflicht auslösen würde.

Übernimmt die Kapitalgesellschaft als Gegenleistung Verbindlichkeiten und Rückstellungen, so kommt eine Befreiung von der
Umsatzsteuer-Pflicht nach § 4 Nr. 9a UStG insoweit nicht in Frage.

---
150 Vgl. 9. UStDV vom 20. 12. 1973, BGBl. 1973 I S. 1961, BStBl. 1974 I S. 15,
BB 1974 S. 28/29
151 BFH, 27. 11. 1952, BStBl. 1953 III S. 44, BB 1953 S. 53
152 Vgl. insbesondere *Hueck*, StuW 1953 Sp. 315; *Böttcher*, StuW 1953 Sp. 321
153 BStBl. 1958 III S. 271, BB 1958 S. 511

69 Bezüglich der Überlassung des *Umlaufvermögens* besteht die Möglichkeit, daß es als Warendarlehen an die GmbH zu Eigentum übergeht; in diesem Falle ist je ein steuerbarer Umsatz in der Hin- und Rückgabe der Warenvorräte gegeben.

70 Wird das Umlaufvermögen dagegen an die Betriebsgesellschaft verpachtet und verbleibt es mit der Bestimmung im Eigentum der Besitzgesellschaft, daß die Betriebsgesellschaft im Rahmen des ordnungsmäßigen Geschäftsbetriebes darüber verfügen darf, so liegt m. E. kein besonderer Leistungsaustausch vor. Der Rückgabeanspruch ist kein Entgelt für die Hingabe, ein steuerbarer Umsatz liegt erst dann vor, wenn bei Pachtende die Besitzgesellschaft einen Minderwert oder die Betriebsgesellschaft einen Mehrwert erhält. Eine Umsatzsteuerpflicht wird aber auch dann nur in Ausnahmefällen eintreten, da zwischen beiden Unternehmen regelmäßig eine umsatzsteuerliche Organschaft (§ 2 Abs. 2 Nr. 2 UStG) besteht.

71 Bei der *umgekehrten Betriebsaufspaltung* ist das Einbringen von Wirtschaftsgütern in die ausgegründete Personengesellschaft durch die Kapitalgesellschaft grundsätzlich umsatzsteuerpflichtig. Sollen anstatt der Kapitalgesellschaft deren Anteilseigner Gesellschafter der Personengesellschaft werden, so ist die spätere Übertragung der Gesellschaftsrechte an die Anteilseigner gemäß § 4 Nr. 8 UStG umsatzsteuerfrei.

72 Soweit das Einbringen von Sachwerten gegen Übernahme von Schulden usw. erfolgt und der Einzelunternehmer oder die Personengesellschaft die Umsatzsteuer in Rechnung stellt, kann die Betriebs-GmbH diese Umsatzsteuer als *Vorsteuer* geltend machen. Eine Selbstverbrauchsteuerpflicht besteht nach dem 1. 1. 1973 nicht mehr. Das kurze Zwischenspiel in der Zeit vom 9. 5. — 30. 11. 1973 kann außer Betracht gelassen werden[154].

3. Wann fällt Gesellschaftsteuer an, wann nicht?

73 Es gilt der Grundsatz: Erfolgt die Einbringung von Wirtschaftsgütern in die Betriebskapitalgesellschaft auf g e s e l l s c h a f t s - r e c h t l i c h e r Grundlage, so fällt Gesellschaftsteuer an; liegt der Überlassung von Wirtschaftsgütern ein *schuldrechtlicher* Ver-

---

[154] Vgl. Fußnote 150

trag (z. B. Pachtvertrag) zugrunde, so entsteht keine Kapitalverkehrsteuerpflicht[155].

Wird das Umlaufvermögen, werden vielleicht sogar Teile des Anlagevermögens gegen Gewährung von Gesellschaftsrechten der Betriebs-GmbH überlassen, so wird in Höhe der Kapitaleinlage ein gesellschaftsteuerlicher Tatbestand verwirklicht (§ 2 Abs. 1 Nr. 1 KVStG).

Felix[156] bejahte eine Gesellschaftsteuerfreiheit wegen § 29 Nr. 2 UmwStG 1969[157]. Diese Vorschrift gilt aber nur für Rechtsvorgänge, die bis zum 31. 2. 1972 zur Eintragung ins Handelsregister angemeldet sind[158].

Wird das Umlaufvermögen aber ebenso wie das Anlagevermögen verpachtet, so fällt keine Gesellschaftsteuer an. Die Meinung von Schneider[159], der steuerlich die Verpachtung des Umlaufvermögens als eine verdeckte Darlehensgewährung ansehen will, läßt sich schon deshalb nicht mehr aufrecht erhalten, weil § 3 KVStG seit 1. 1. 1972 weggefallen ist.

Wird ein Firmenwert in die Betriebskapitalgesellschaft eingebracht, so soll nach Sudhoff[160] streitig sein, ob Gesellschaftsteuer anfällt oder nicht. M. E. kann Kapitalverkehrsteuer nur anfallen, wenn für einen eingebrachten Firmenwert auch tatsächlich Gesellschaftsrechte gewährt werden (§ 2 Abs. 1 Nr. 1 KVStG). Bei der Einbringung eines Firmenwertes zur Nutzung fällt m. E. keine Gesellschaftsteuer an. Diese Frage ist aber streitig; deshalb sollte man auch aus gesellschaftsteuerrechtlichen Gründen den Firmenwert auch nicht zur Nutzung überlassen[161].

4. Regelmäßig kein Anfall von Grunderwerbsteuer

Die Grundstücke bleiben regelmäßig im Eigentum der Besitzgesellschaft, sie werden an die Betriebsgesellschaft verpachtet. Nach § 1

---
155 Vgl. Sudhoff, Nutzungsweise Einbringung ..., aaO, S. 1984
156 Gesellschaftsteuerpflicht..., aaO, S. 652; a.A. Bise, Zur Betriebsaufspaltung ..., aaO, S. 212 und BdF-Erlaß vom 20. 7. 1970, BStBl. 1970 I S. 922
157 Vom 14. 8. 1969, BGBl. I S. 1163
158 Das ab 1. 1. 1978 gültige UmwStG vom 6. 9. 1976, BGBl. I S. 2641 enthält über die Gesellschaftsteuer keine Vorschriften
159 AaO, S. 119
160 AaO, Nutzungsweise Einbringung ..., aaO, S. 1984
161 Zum möglichen Ansatz eines Firmenwertes bei der Einheitsbewertung des Besitzunternehmens vgl. Tz 43 E

Abs. 2 GrEStG[162] sind auch Rechtsvorgänge steuerpflichtig, die ohne Begründung eines Anspruchs auf Übereignung es jemandem ermöglichen, ein Grundstück auf eigene Rechnung zu verwerten. Normalerweise ist der Pacht- und Betriebsüberlassungsvertrag so ausgestaltet, daß die Betriebsgesellschaft die überlassenen Grundstücke nutzen und auf eigene Rechnung bewirtschaften kann; ein Recht auf Verwertung wird regelmäßig nicht eingeräumt. Deshalb wird regelmäßig keine Grunderwerbsteuer anfallen.

5. Steuerliche Behandlung von rückwirkend vorgenommenen Betriebsaufspaltungen

76 Rückwirkend vorgenommene Betriebsaufspaltungen sind steuerlich wirkungslos[163]. Die Aufteilung eines Betriebes kann immer nur mit Wirkung auf die Gegenwart und die Zukunft beschlossen werden. Ein im Laufe des Geschäftsjahres geschlossener Pacht- und Betriebsüberlassungsvertrag kann keine steuerliche Wirkung rückwirkend vom Beginn des Wirtschaftsjahres an haben. Der BFH[164] hat hierzu ausführlich Stellung genommen und für die Betriebsaufspaltung die Anwendung der Rechtsprechung zum Organschaftsrecht abgelehnt[165].

6. Steuerliche Folgen bei Nichtanerkennung der Betriebsaufspaltung

77 Kann in besonders gelagerten Fällen eine Betriebsaufspaltung steuerlich nicht anerkannt werden (die persönlichen oder sachlichen Voraussetzungen sind nicht gegeben oder liegt ein Scheingeschäft i. S. des § 41 Abs. 2 AO 1977 — bis 31. 12. 1976: § 5 StAnpG — oder sonst eine Steuerumgehung nach § 42 AO 1977 — bis 31. 12. 1976: § 6 StAnpG — vor), so ist der die Betriebsaufspaltung begründende Vertrag in seiner Gesamtheit steuerlich unwirk-

---

162 Das Grunderwerbsteuergesetz ist durch die Gesetzgebungskompetenzverteilung durch das Grundgesetz Landesrecht geworden. Die Länder haben von ihrem Gesetzgebungsrecht zum Teil Gebrauch gemacht und auch neue Fassungen des Gesetzes verabschiedet; hier werden aus Vereinfachungsgründen die Vorschriften des „Reichs"-Grunderwerbsteuergesetzes zitiert.
163 *RFH*, 9. 5. 1933, RStBl. S. 999 ff.
164 *BFH*, 8. 11. 1960, BStBl. 1960 III S. 513
165 Die Rechtsprechung zur Organschaft läßt es zu, daß mit rückwirkender Kraft bis zum Ende des Geschäftsjahres die Abführung des vollen Gewinns beschlossen werden kann

sam; das hat zur Folge, daß der in der Bilanz der Betriebskapitalgesellschaft ausgewiesene Gewinn als Gewinn des Besitzpersonenunternehmens zu erfassen ist[166].

Werden auf die Betriebs-GmbH alle Aktiven und Passiven übertragen, behält das Besitzunternehmen nur die Grundstücke zurück, und wird die Betriebsaufspaltung aus irgendwelchen Gründen nicht anerkannt, so kann in der Umwandlung u. U. auch eine Geschäftsaufgabe gesehen werden; die Folge wäre, Aufdeckung der stillen Reserven bei dem Besitzunternehmen. Die Pachtzahlungen wären dann Einkünfte aus Vermietung und Verpachtung und nicht gewerbesteuerpflichtig[167]. **78**

III. BILANZIELLE DARSTELLUNG DER AUFSPALTUNG

Die Aufspaltung eines Unternehmens in zwei rechtlich selbständige Gesellschaften hat eine Änderung der Eigentums- bzw. Besitzverhältnisse zur Folge. Diese Änderungen müssen auch in den Bilanzen der beiden Gesellschaften ihren Niederschlag finden. **79**

Aus der Vielzahl der möglichen Variationen wird hier von einer Kommandit-Gesellschaft ausgegangen, bei der die Aufspaltung des Betriebsvermögens in der Weise erfolgt, daß das Anlagevermögen bei ihr verbleibt, während das Umlaufvermögen auf die neugegründete Gesellschaft mit beschränkter Haftung gegen Gewährung von Gesellschaftsrechten übertragen wird.

Dabei wird davon ausgegangen, daß die Umstellung nach Ablauf eines Wirtschaftsjahres (= Kalenderjahr) erfolgt. Soll anläßlich der Betriebsaufspaltung das Wirtschaftsjahr umgestellt werden, so ist die Zustimmung der Finanzbehörde erforderlich (§ 4a Abs. 1 Nr. 2 EStG)[168].

---

166 *Brönner*, Die Besteuerung . . ., aaO, S. 533
167 *BFH*, 13. 1. 1970, BStBl. 1970 II S. 352, BB 1970 S. 571
168 *FG Münster*, 27. 4. 1976, VI 656/74 F, EFG 1976 S. 485

Schlußbilanz der KG

Aktiva	DM	DM		Passiva	DM	DM
I. Anlagevermögen				**I. Feste Kapitalkonten**		
1. Unbebaute Grundstücke	450.000			1. Komplementär	80.000	
2. Bebaute Geschäftsgrundstücke	3.000.000			2. Kommanditist	20.000	100.000
3. Maschinen und maschinelle Anlagen	750.000			**II. Gesellschafterdarlehen**		600.000
4. Betriebs- und Geschäftsausstattung	100.000	4.300.000		**III. Rückstellungen**		300.000
II. Umlaufvermögen				**IV. Wertberichtigungen**[169]		20.000
1. Rohstoffe	120.000			**V. Verbindlichkeiten**		
2. Halb- und Fertigfabrikate	180.000			1. Hypothekendarlehen	2.000.000	
3. Geleistete Anzahlungen	200.000			2. Bankschulden	1.200.000	
4. Forderungen	450.000			3. Erhaltene Anzahlungen	200.000	
5. Kasse	10.000			4. Schuldwechsel	80.000	
6. Postscheck	2.000			5. Sonstige Verbindlichkeiten	1.000.000	4.480.000
7. Bankguthaben	188.000	1.150.000				
III. Rechnungsabgrenzung		50.000				
		5.500.000				5.500.000

[169] Bei AG ist § 152 Abs. 6 AktG zu beachten

Eröffnungsbilanz der GmbH

Aktiva	DM	DM	DM	Passiva	DM	DM
I. Umlaufvermögen				I. Stammkapital		20.000
1. Rohstoffe	120.000			II. Rücklage		70.000
2. Halb- und Fertigfabrikate	180.000			III. Wertberichtigung		20.000
3. Geleistete Anzahlungen	200.000			IV. Rückstellungen		300.000
4. Forderungen	450.000			V. Verbindlichkeiten		
5. Kasse	10.000			1. Darlehen [170]	100.000	
6. Postscheck	2.000			2. Bankschulden	50.000	
7. Bankguthaben	188.000			3. Erhaltene Anzahlungen	200.000	
		1.150.000		4. Schuldwechsel	40.000	
II. Rechnungsabgrenzung		50.000		5. Sonstige Verbindlichkeiten	400.000	790.000
		1.200.000				1.200.000

---

[170] Bei AG sind Verbindlichkeiten gegen verbundene Unternehmen als solche zu kennzeichnen, § 151 Abs. 3 S. 2 AktG

Bilanz der KG nach der Aufspaltung

Aktiva	DM	DM	Passiva	DM	DM
I. Anlagevermögen			**I. Feste Kapitalkonten**		
1. Unbebaute Grundstücke	450.000		1. Komplementär	80.000	
2. Bebaute Geschäftsgrundstücke	3.000.000		2. Kommanditist	20.000	100.000
3. Maschinen und maschinelle Anlagen	750.000		**II. Gesellschafterdarlehen**		600.000
4. Betriebs- und Geschäftsausstattung	100.000		**III. Verbindlichkeiten**		
5. Beteiligung	90.000	4.390.000	1. Hypothekendarlehen	2.000.000	
			2. Bankschulden	1.150.000	
II. Umlaufvermögen			3. Schuldwechsel	40.000	
1. Darlehen an Betriebs-GmbH		100.000	4. Sonstige Verbindlichkeiten	600.000	3.790.000
		4.490.000			4.490.000

Aus den Bilanzen ist ersichtlich, daß das Vermögen der GmbH **80**
überlassen wird, gegen
1. Gewährung von Gesellschaftsrechten von nominal 20.000 DM.
2. Einstellung eines Betrages von 70.000 DM in die Rücklage.
3. Einräumung einer Darlehensforderung von 100.000 DM.

Da die Kommanditgesellschaft aus umsatzsteuerlichen Gründen **81**
selbst Gesellschafterin der Gesellschaft mit beschränkter Haftung
sein soll, übernimmt sie die Stammanteile. Für die Gründung der
Gesellschaft mit beschränkter Haftung wird unterstellt, daß ein
Gesellschafter der Kommanditgesellschaft als Gründer mitwirkt
und seine Einlage aus dem Vermögen der Kommanditgesellschaft
gegen Einlage des auf ihn entfallenden Stammanteils erbringt.
Diese Vorgänge drücken sich in den Bilanzen nicht aus. An die
Stelle des übertragenen Vermögens treten bei der Kommanditgesellschaft die Stammanteile (Beteiligung) und die Darlehensforderung.

Wenn sich nicht die KG an der GmbH beteiligt, sondern die einzelnen KG-Gesellschafter, dann ist zumindest in der Handelsbilanz
der KG die Beteiligung an der GmbH nicht auszuweisen; die Beteiligung der KG-Gesellschafter an der GmbH ist Sonderbetriebsvermögen der KG-Gesellschafter (Darstellung dieser Beteiligungen
in Ergänzungsbilanzen).

In § 29 Abs. 1 KStG 1977 wird erstmals in der steuerlichen Gesetzgebung von einer »Steuerbilanz« gesprochen. Das kann aber
nicht bedeuten, daß unbedingt »Steuerbilanzen« erstellt werden
müssen. Wie bisher müssen Handelsbilanzen mit entsprechenden
Zu- und Abrechnungen genügen.

D. Vertragliche Gestaltungsmöglichkeiten

I. MÖGLICHE RECHTSFORMEN

Es bleibt grundsätzlich dem Unternehmer überlassen, in welcher **1**
Rechtsform er sein Unternehmen organisieren will. Hat er sich zur
Betriebsaufspaltung entschlossen, so kann er für das Besitzunternehmen, die Betriebs- oder Vertriebsgesellschaft jede ihm genehme
Rechtsform wählen: Einzelunternehmen, Personengesellschaft oder
Kapitalgesellschaft.

In der Praxis haben sich bestimmte Typen herausgebildet: Das Be- **2**
sitzunternehmen wird vorwiegend in der Rechtsform eines Einzelunternehmens oder einer Personengesellschaft (BGB-Gesellschaft,
OHG, KG, auch in der Form einer GmbH und Co. KG), das Betriebsunternehmen in der Rechtsform einer Kapitalgesellschaft (regelmäßig GmbH) geführt.

Bei der Kombination Betriebs-/Vertriebsunternehmen sind die
Rechtsformen ähnlich.

Besitz-, Betriebs- oder Vertriebsunternehmen können ihrerseits
wieder in mehrere Betriebe zerlegt werden:

Besitzunternehmen A verpachtet die Grundstücke, Besitzunternehmen B das übrige Anlagevermögen an die Betriebsgesellschaft;
Vertriebsgesellschaft C ist für das Inland zuständig, Vertriebsgesellschaft D für das Ausland usw.

II. REGELUNGEN IM PACHT- UND BETRIEBSÜBERLASSUNGSVERTRAG

Fast ausschließlich ist ein Pacht- und Betriebsüberlassungsvertrag **3**
die Klammer zwischen beiden aus der Betriebsaufspaltung hervorgegangenen Gesellschaften.

Ausnahmsweise kann die Betriebsaufspaltung auch zu einem Betriebsführungsvertrag führen. An einen Betriebsführungsvertrag sind aber, soll er steuerlich anerkannt werden, strenge Anforderungen zu stellen[171].

1. Vertragsgegenstand

4 Kern des Pacht- und Betriebsüberlassungsvertrages ist die Überlassung des wesentlichen Vermögens in einem Zustand, der es der Betriebsgesellschaft erlaubt, anstelle des bisherigen Unternehmens auf eigene Rechnung nach außen tätig zu werden.

Es müssen überlassen werden:

5 a) Die Teile des Betriebsvermögens, die für den Betrieb wesentlich sind. Darunter fällt in der Regel das gesamte Anlagevermögen, soweit es der Produktion und dem Vertrieb dient.

6 b) Vom Umlaufvermögen sind für die Fortführung des Unternehmens unumgänglich die Vorräte, die zum Verbrauch und zur Veräußerung bestimmten Gegenstände. M. E. ist es aber am zweckmäßigsten, das gesamte Umlaufvermögen in die Kapitalgesellschaft gegen die Gewährung von Gesellschaftsrechten einzubringen. Bei darlehensweiser Überlassung des Umlaufvermögens erfolgt beim Gewerbeertrag eine Hinzurechnung der Schuldzinsen (§ 8 Nr. 1 GewStG) und beim Gewerbekapital eine Hinzurechnung des Gesamtwertes des überlassenen Umlaufvermögens[172].

7 c) Die Übernahme von laufenden Verträgen wird regelmäßig notwendige Voraussetzung für die Fortführung des Betriebes sein.

2. Ordnungsgemäße Betriebsführung und Instandhaltung

8 Die Betriebsgesellschaft muß verpflichtet werden, den Betrieb ordnungsgemäß und nach wirtschaftlichen Grundsätzen zu führen, damit die Verpächterin bei Beendigung der Pacht- und Betriebsüberlassung die Möglichkeit hat, den Betrieb weiterzuführen.

Die laufenden gewöhnlichen Instandhaltungen sind schon gemäß § 582 BGB Sache der Pächterin. Man wird darüber hinaus vereinbaren, daß auch außergewöhnliche Instandhaltungen die Pächterin zu tragen hat. Dies empfiehlt sich schon deshalb, weil die Verpächterin kaum noch über die nötigen und qualifizierten Arbeits-

---

171 So *Fichtelmann*, Die Betriebsaufspaltung..., aaO, S. 290
172 BFH, 5. 5. 1976, BFHE 119 S. 478, BStBl. II S. 717, BB 1976 S. 1451

kräfte verfügen dürfte; andernfalls müßte das Besitzunternehmen mit Arbeitskräften der Betriebsgesellschaft die Instandhaltung für eigene Rechnung ausführen lassen.

3. Ersatzbeschaffung und Substanzerhaltung

Die Ersatzbeschaffung und Substanzerhaltung kann sowohl durch die Verpächterin als auch durch die Pächterin erfolgen. In der Regel wird die Pächterin vertraglich zur Ersatzbeschaffung verpflichtet. Sie hat dafür zu sorgen, daß unbrauchbar werdende Gegenstände des Anlagevermögens durch andere ersetzt werden. Durch die laufende Inflation wird die Substanz jedes Betriebes gefährdet. Trifft die Pächterin eine Substanzerhaltungspflicht, so ist sie verpflichtet, bei Pachtende nicht einen geschrumpften, sondern — unter Beachtung des technischen Fortschritts — den Betrieb so zurückzugeben, wie sie ihn übernommen hat.

Zu diesem Zweck kann sie zu den jährlichen Bilanzstichtagen auf der Grundlage der jeweiligen, meist höheren Wiederbeschaffungskosten Rückstellungen bilden. Wie noch zu zeigen sein wird, verlangen die Steuerrechtsprechung und Verwaltung bisher[173] eine entsprechende korrespondierende Bilanzierung bei der Verpächterin:

Aktivierung des Anspruchs auf Ersatzbeschaffung und Substanzerhaltung zum jeweils auf den Bilanzstichtag gültigen Wiederbeschaffungswert.

4. Neuinvestitionen

Es wird regelmäßig Sache der Betriebsgesellschaft sein müssen, das Unternehmen auf dem jeweiligen Stand der Technik zu halten. Damit muß die Betriebsgesellschaft über bloße Ersatzinvestitionen hinaus auch Neuanschaffungen vornehmen. Wird vertraglich nicht vereinbart, daß die neu angeschafften Wirtschaftsgüter nicht sofort oder spätestens bei Pachtende in das Eigentum der Besitzgesellschaft übergehen, so findet eine Auszehrung der Besitzgesellschaft statt; am Ende hat die Besitzgesellschaft nur noch Grundstücke.

---
173 Durch die Entscheidung des Großen Senats vom 8. 11. 1971 ist die Entwicklung aber wieder in Gang gekommen.

5. Pachtzins

11 Bei der Gestaltung des Pachtzinses sind die Gesellschafter aus steuerlichen Gründen naturgemäß nicht völlig frei.
Wird ein zu *hoher* Pachtzins vereinbart, so besteht die Gefahr einer verdeckten Gewinnausschüttung. Die steuerlichen Konsequenzen werden bei der Körperschaftsteuer der Betriebsgesellschaft behandelt.

12 Wird ein *niedrigerer Pachtzins* vereinbart, als das Besitzunternehmen von einem Fremden fordern würde, so ist dies steuerlich grundsätzlich nicht zu beanstanden[174]. Kein Steuerpflichtiger ist verpflichtet, Einkommen zu erzielen[175].

Führt jedoch ein zu niedriger Pachtzins bei dem Besitzunternehmen nachhaltig zu Verlusten, so kann in Höhe der Verluste eine Einlage mit der Folge vorliegen, daß die Verluste bei dem Besitzunternehmen nicht anerkannt und die Gewinne der Betriebsgesellschaft entsprechend ermäßigt werden[176].

Den Verzicht auf Pachtforderungen bei einer Betriebsaufspaltung infolge schlechter wirtschaftlicher Lage hat der BFH in seinem Urteil vom 9. 3. 77[177] als verdeckte Einlage des Besitzunternehmens bei der Betriebsgesellschaft gewertet, gleichzeitig aber eine Teilwertabschreibung zugelassen; damit waren die Anteile des Besitzunternehmens an der Betriebsgesellschaft nicht zu erhöhen.

13 Als *angemessen* und damit steuerlich anzuerkennen ist ein Pachtzins, der auch unter fremden Vertragspartnern üblich ist[178] und grundsätzlich drei Faktoren berücksichtigt: Abschreibungsvergütung und Aufwendungsersatz (Wertverzehr) sowie eine Kapital-

---

[174] *BFH*, 8. 11. 1960, BStBl. 1960 III S. 513, BB 1961 S. 83
[175] Daß hieraus keine Folgerungen für die vGA gezogen werden können, weist *Böttcher* in StbJb 1961/1962 S. 169/170 nach
[176] *Lersch/Schaaf*, aaO, S. 440; vgl. auch DB 1970 S. 804. Es kann auch Gesellschaftsteuerpflicht entstehen (freiwillige Leistungen i. S. des § 2 Abs. 1 Nr. 4 KVStG). Der Verzicht des Gesellschafters einer Kapitalgesellschaft auf einen Anspruch gegen die Gesellschaft kann eine verdeckte Einlage sein, *BFH*, 29. 5. 1968, I 187/65, BStBl. II S. 722
[177] I R 203/74, BB 1977 S. 878, DB 1977 S. 1344
[178] *Zartmann*, Der Pachtvertrag..., aaO, S. 83

verzinsung und eine Vergütung für die Überlassung der immateriellen Werte.

a) Ob eine *Vergütung für Wertverzehr* in Frage kommt, richtet sich **14** nach dem Pacht- und Betriebsüberlassungsvertrag. Welche vertraglichen Pflichten hat die Betriebsgesellschaft als Pächterin hinsichtlich Erhaltung und Modernisierung der gepachteten Wirtschaftsgüter?

Eine Vergütung für Wertverzehr ist nicht zu entrichten, wenn vertraglich vereinbart wurde, daß die Wirtschaftsgüter bei Pachtende in gleichem Zustand zurückzugeben sind.

Ist vertraglich überhaupt nichts über den Ersatz oder Neuinvestitionen gesagt, dann kann der Verpächter — steuerlich unbedenklich — für den Wertverzehr der verpachteten Gegenstände einen Pachtzins in Höhe der Afa oder auch eine Umsatzpacht verlangen; verdeckte Gewinnausschüttungen können hier nur vorliegen, wenn die Eigeninvestitionen des Pächters einen solchen Umfang erreichen, der zu einer Änderung der Geschäftsgrundlagen führt[179].

b) Durch die *Kapitalverzinsung* soll die Besitzgesellschaft als Ver- **15** pächterin eine angemessene Rendite für die pachtweise überlassenen Wirtschaftsgüter erhalten. Damit sollen die Zinsen vergütet werden, die dieses Kapital bei anderweitigem Einsatz erbringen würde. Ausgangspunkte können dabei der Substanzwert des Unternehmens und der Umsatz sein. Allgemein wird ein Zinssatz von 6 bis 8 % vom Substanzwert als angemessen erachtet[180].

Einen gewissen Anhaltspunkt für die Angemessenheit des Zins- **16** satzes geben auch die Preisbildungsvorschriften für öffentliche Aufträge ab. Danach erhält der Auftragnehmer in der Regel eine Verzinsung des betriebsnotwendigen Vermögens von 6,5 % (dazu einen Gewinn von 1,5 % des Vermögens und 1,5 % des Selbstkostenumsatzes). Wenn man bedenkt, daß die Selbstkostensätze bei Industriebetrieben mindestens die Höhe des Kapitals erreichen, ergäbe sich eine Verzinsung von 9,5 %.

Der BFH hat in anderem Zusammenhang erst eine über 20 % **17** hinausgehende Kapitalverzinsung als unangemessen hoch ange-

---

179 *BFH*, 29. 10. 1974, I R 83/73, BFHE 114 S. 471, BStBl. II S. 366, BB 1975 S. 409, DB 1975 S. 672, DStZ/A 1975 S. 205 mit Anm. v. *Wallis*; vgl. auch *ohne Verfasser*, Erneuerungsbeschaffung..., DB 1975 S. 955 mit Hinweis auf Betriebsaufspaltung.
180 *Schnell*, Die Betriebsaufspaltung..., aaO, S. 401

sehen; andererseits hat der Große Senat durch Beschluß vom 29. 5. 1972 15 %/o als äußerste Grenze bezeichnet[181].

18 c) Die Vergütung für die *immateriellen Werte* ist gerechtfertigt, wenn nicht nur körperliche Wirtschaftsgüter überlassen werden, sondern auch Firmenname, Kundenstamm, Verfahren, Know-how usw. Die Vergütung kann sich am Umsatz orientieren. Bei der Festsetzung eines entsprechenden Prozentsatzes muß berücksichtigt werden, daß die Hauptbedeutung des Pacht- und Betriebsüberlassungsvertrages in der pachtweisen Nutzung des Anlagevermögens der Besitzgesellschaft liegt.

Das Pachtentgelt für die Überlassung der immateriellen Werte muß deshalb erheblich unter dem Pachtzins für die Anlagegüter liegen; angemessen erscheinen 0,5 bis 1,0 %/o vom Umsatz.

19 Das Niedersächsische FG[182] hat in einem Urteil vom 27. 11. 1973 zur Angemessenheit der Betriebspacht bei der Betriebsaufspaltung Stellung genommen. Es hat zunächst den Gesamtwert des Betriebes unter Einbeziehung eines etwa vorhandenen Geschäftswertes ermittelt, und zwar nach dem sogenannten Mittelwertverfahren (= der Unternehmenswert als Mittel aus Ertrags- und Substanzwert). Zur angemessenen Verzinsung des Gesamtwertes des Betriebes hat das Niedersächsische FG ausgeführt, daß dieser Zinsfuß grundsätzlich mit dem Kapitalisierungszinsfuß übereinstimmen muß. Etwas anderes soll aber dann gelten, wenn ein erfolgsabhängiger Pachtzins vereinbart wird.

Der BFH[183] stellt bei einer Betriebspacht nicht die Renditeerwartungen des Verpächters in den Vordergrund, sondern stellt darauf ab, ob die pachtende GmbH eine angemessene Verzinsung ihres eingezahlten Stammkapitals, des sonstigen Eigenkapitals und ihres Haftungsrisikos erhält. Nur wenn der Pachtzins eine ausreichende Gewinnerwartung der Betriebskapitalgesellschaft zuläßt, scheidet das Risiko einer verdeckten Gewinnausschüttung aus.

6. Übernahme von Verwaltungsleistungen

20 Die Besitzgesellschaft wird in vielen Fällen überhaupt keine Be-

---

181 *BFH*, 15. 10. 1970, BStBl. 1971 II S. 262, BB 1971 S. 557 und S. 734 und Beschluß des Großen Senats vom 29. 5. 1972, BStBl. 1973 II S. 5, BB 1972 S. 1354 und *Wolff*, aaO, S. 95; vgl. auch *Stahlecker*, aaO, S. 738
182 EFG 1974 S. 273
183 *BFH*, 4. 5. 1977, I R 11/75, BStBl. II S. 679, BB 1977 S. 1082

schäftigten oder nur wenig Personal haben. Deshalb sollte vertraglich vereinbart werden, daß die Betriebsgesellschaft gegen eine entsprechende Vergütung (Abschlag vom Pachtzins) die laufende Verwaltungsarbeit der Besitzgesellschaft übernimmt.
Möglich ist auch eine Pauschalvergütung. Immer ist aber zu beachten, daß das Besitzunternehmen für die von der Betriebsgesellschaft (GmbH) erbrachten Leistungen angemessene Entgelte bezahlt, da sonst die Gefahr verdeckter Gewinnausschüttungen besteht. Bei jährlich schwankendem Arbeitsanfall kann eine vorläufige Pauschalvereinbarung getroffen und diese mit einer Entgeltanpassungsklausel versehen werden, wonach alsbald nach Ablauf eines jeden Wirtschaftsjahres das den Leistungen der Betriebsgesellschaft entsprechende, angemessene, endgültige Entgelt festgesetzt wird[184].

7. Vereinbarungen über Aufwendungen nach dem Lastenausgleichsgesetz

Bei einer Betriebsaufspaltung kann es notwendig sein, Vereinbarungen über den Lastenausgleich (Hypothekengewinn-, Kreditgewinn- und Vermögensabgabe) zu treffen.

a) Der *Hypothekengewinnabgabe* unterliegen in der Hauptsache die Schuldnergewinne aus der Umstellung von dinglich gesicherten Reichsmark-Verbindlichkeiten und Grundpfandrechten (§ 91 LAG). Soweit es sich bei den umgestellten Reichsmark-Verbindlichkeiten um solche eines gewerblichen Betriebes handelt, der nach § 161 Abs. 1 LAG kreditgewinnabgabepflichtig ist, werden die Schuldnergewinne allein durch die Kreditgewinnabgabe erfaßt (§ 97 Abs. 1 Nr. 1 LAG). Deshalb spielt die Hypothekengewinnabgabe bei der Betriebsaufspaltung keine Rolle und kann bei der Vertragsgestaltung außer Betracht bleiben.

b) Zur *Kreditgewinnabgabe* wurde gemäß § 161 Abs. 1 Nr. 1 LAG u. a. der gewerbliche Betrieb herangezogen, der zur Aufstellung einer DM-Eröffnungsbilanz verpflichtet war oder eine solche aufgestellt hat. Sie wurde allerdings nur noch bis zum 31. 3. 1974 erhoben, (§§ 34, 175 LAG).

---
184 *Ohne Verfasser*, DB 1974 S. 849

24 c) Eine besondere vertragliche Regelung (Übernahme) wird sich bei der *Vermögensabgabe* empfehlen. Dabei ist zu beachten, daß Personengesellschaften nicht selbständig vermögensabgabepflichtig sind (vgl. § 16 LAG). Abgabepflichtig sind die einzelnen Gesellschafter. Eine Übernahme durch die Betriebsgesellschaft ist nach § 60 LAG möglich, bedarf aber der Genehmigung durch das Finanzamt.

8. Preisvereinbarungen zwischen Produktions- und Vertriebsgesellschaft

25 Bei der Aufteilung in Produktions- und Vertriebsunternehmen und Überlassung der Waren an das Vertriebsunternehmen zu einem unangemessen *niedrigen* Preis soll nach Abschn. 137 Abs. 2 EStR 1975 der Unterschied zwischen dem vereinbarten und dem angemessenen Preis dem Produktionsunternehmen zugerechnet werden. Diese Verwaltungsauffassung steht im Widerspruch zur BFH-Rechtsprechung[185]. Nur wenn die Preise nach einem längeren Zeitraum mit Rücksicht auf den in diesem Zeitraum erzielten Gewinn festgestellt werden, ist die steuerliche Anerkennung zu versagen[186].

Bei einem zu hohen Preis liegt eine verdeckte Gewinnausschüttung vor; insofern gelten die Ausführungen zum überhöhten Pachtzins[187].

9. Beendigung des Vertragsverhältnisses

26 Der Pacht- und Betriebsüberlassungsvertrag wird grundsätzlich nicht berührt, wenn die Besitzgesellschaft oder ihre Gesellschafter ihre GmbH-Anteile veräußern. Veräußert das Besitzunternehmen dagegen seinen gewerblichen Betrieb (das verpachtete Anlagevermögen und die Anteile an der GmbH), so endet das Vertragsverhältnis zwischen Besitz- und Betriebsgesellschaft[188].

---

185 So auch *Fichtelmann*, Die Betriebsaufspaltung..., aaO, S. 291
186 Vgl. *BFH*, 8. 11. 1960, BStBl. 1960 III S. 513, BB 1961 S. 83; so auch noch Abschn. 137 Abs. 3 EStR 1975
187 Vgl RdNr. 48 E
188 Die §§ 16, 34 EStG finden nach hM Anwendung

Wird nur das verpachtete Anlagevermögen veräußert, so ist der Pachtvertrag hinfällig; die GmbH-Anteile bleiben Betriebsvermögen der Besitzgesellschaft[189].

Aus den Beispielen ist ersichtlich, daß eine genaue Regelung der möglichen Beendigungstatbestände im Pacht- und Betriebsüberlassungsvertrag erforderlich ist.

---

189 *Fichtelmann*, Die Betriebsaufspaltung..., aaO., S. 300; die Überführung ins Privatvermögen erscheint möglich

E. Die laufende Besteuerung der Gesellschaften bzw. ihrer Gesellschafter

Zu unterscheiden ist bei der laufenden Besteuerung zwischen der bei dem Besitzunternehmen, auch Verpächter/in genannt, anfallenden Steuerlast und den Steuern des Betriebs-/Vertriebsunternehmens, auch nachfolgend zum Teil mit Pächter/in bezeichnet. Durch entsprechende vertragliche Regelungen können zwischen beiden Gesellschaften Gewinnverlagerungen erfolgen. Das kann insbesondere durch einen überhöhten Pachtzins geschehen. Daneben übernimmt die Betriebsgesellschaft als Pächterin regelmäßig die Verpflichtung, die gepachteten Wirtschaftsgüter bei Pachtende in einem betriebsbereiten Zustand zurückzugeben. Über Rückstellungen der Pächterin auf der Grundlage der Wiederbeschaffungskosten werden die zur Erneuerung notwendigen Mittel mit steuerlicher Wirkung aus dem Betriebsertrag finanziert.

Aus diesen Tatsachen ergeben sich die steuerlichen Hauptprobleme der Besitz- und Betriebsgesellschaft.

I. DIE LAUFENDE BESTEUERUNG DER BESITZGESELLSCHAFT UND IHRER GESELLSCHAFTER

1. Die Einkommensteuer der Gesellschafter der Besitzgesellschaft

Die Besitzgesellschaft ist als Personengesellschaft selbst nicht körperschafts- oder einkommensteuerpflichtig. Bei ihr wird durch das zuständige Betriebsfinanzamt nur der Gewinn einheitlich festgestellt (§ 180 Abs. 1 Nr. 2 AO 1977).

a) Umfang des Betriebsvermögens

Zum Betriebsvermögen der Besitzgesellschaft gehören weiterhin alle *verpachteten* Wirtschaftsgüter. Darunter können nicht nur Gegenstände des Anlagevermögens fallen, sondern auch das Umlaufvermögen, soweit dieses nicht entnommen und gegen Gewährung von Gesellschaftsrechten eingebracht wurde[190]. Soweit einzelne Wirtschaftsgüter nicht an die Betriebsgesellschaft verpachtet werden, bleiben sie Betriebsvermögen der Besitzgesellschaft, es sei denn, bei ihnen liegen die Voraussetzungen für notwendiges Privatvermögen vor[191].

4 Werden Wirtschaftsgüter nach Verbrauch von der Betriebsgesellschaft *wieder beschafft* und gehen sie in das Eigentum der Besitzgesellschaft über, so sind sie ebenfalls Betriebsvermögen, ebenso der *Wiederbeschaffungsanspruch*[192].

5 Zum Betriebsvermögen gehören auch die später angeschafften Wirtschaftsgüter, wenn sie mit den ursprünglich überlassenen Wirtschaftsgütern eine notwendige Betriebsgrundlage bilden[193].

Zum Betriebsvermögen der Besitzgesellschaft gehören nach ständiger Rechtsprechung[194] trotz starker Kritik in der Literatur[195] auch die *GmbH-Anteile*, wobei es keine Rolle spielt, ob die Besitzgesellschaft oder ihre Gesellschafter diese Anteile halten.

6 Durch die Entscheidung des Großen Senats vom 8. 11. 1971 können sich Änderungen ergeben. Die bisherige Begründung — die Doppelgesellschaft sei ein einheitlicher wirtschaftlicher Organismus — läßt sich jedenfalls angesichts der These des Großen Senats — es liegen rechtlich zwei selbständige Gesellschaften vor — nicht mehr aufrechterhalten. Ob im Ergebnis aber eine Änderung eintritt, erscheint zweifelhaft[196].

Nach dem BFH-Urteil vom 2. 8. 1972[197] umfaßt die *gewerbliche* Tätigkeit des Besitzunternehmens auch die Anteile und Einkünfte der Personen, die nicht an der Betriebs-GmbH, sondern nur am Besitzunternehmen beteiligt sind, weil eine Hausgemeinschaft, die Wirtschaftsgüter an eine Betriebs-GmbH vermietet, ein einheit-

---

190 Für immaterielle WG vgl. *BFH*, 21. 12. 1965, BStBl. 1966 III S. 147, BB 1966 S. 279
191 So *BFH*, 9. 1. 1964, BStBl. 1964 S. 97, BB 1964 S. 248 Abschn. 14 Abs. 13 EStR 1975; vgl. *Rosenau*, aaO, S. 833
192 *BFH*, 21. 12. 1965, BStBl. 1966 III S. 147, BB 1966 S. 278
193 *BFH*, 24. 1. 1968, BStBl. 1968 II S. 354, BB 1968 S. 825
194 *BFH*, 8. 11. 1960, BStBl. 1960 III S. 513, BB 1961 S. 83; *BFH*, 13. 1. 1961, BStBl. 1961 III S. 333, BB 1961 S. 779; *BFH*, 16. 1. 1962, BStBl. 1962 III S. 104, BB 1962 S. 364; *BFH*, 15. 11. 1967, BStBl. 1968 II S. 152, BB 1968 S. 283 und S. 367; *BFH*, 2. 8. 1968, BStBl. 1968 II S. 814, BB 1969 S. 479.
195 *Naust*, aaO, S. 516; *Barth*, Werden GmbH-Anteile ..., aaO, S. 14
196 *Fichtelmann*, Die Betriebsaufspaltung ..., aaO, S. 292, betrachtet weiter die GmbH-Anteile als notwendiges Betriebsvermögen des Besitzunternehmens
197 BStBl. 1972 II S. 796, BB 1972 S. 1129

liches Gebilde darstelle, das hinsichtlich seiner Tätigkeit steuerlich nur einheitlich beurteilt werden könne. Die dagegen vorgebrachten verfassungsrechtlichen Bedenken hat das Bundesverfassungsgericht durch Beschluß vom 15. 7. 1974 zurückgewiesen[198].

Die Behandlung der GmbH-Anteile als Betriebsvermögen kann insofern von Vorteil sein, als Teilwertabschreibungen vorgenommen und Forderungsverluste geltend gemacht werden können.

Wird die enge Verbindung zwischen Besitz und Betriebsgesellschaft gelöst, indem z. B. die GmbH-Anteile von der Besitzgesellschaft oder ihren Gesellschaftern veräußert werden, bleiben aber andererseits die Wirtschaftsgüter weiterhin an die Betriebsgesellschaft verpachtet, dann liegt eine normale Betriebsverpachtung vor. Die »Besitzgesellschaft« als Verpächterin hat dann ein Wahlrecht: Sie kann gegenüber dem Finanzamt die Betriebsaufgabe erklären, mit der Folge, daß die stillen Reserven aufgedeckt und versteuert werden müssen; sie hat dann nicht mehr gewerbliche Einkünfte, sondern Einkünfte aus Vermietung und Verpachtung. Es existiert dann kein gewerbesteuerpflichtiges Unternehmen mehr. Die Verpächterin kann aber auch weiterhin die Wirtschaftsgüter als Betriebsvermögen behandeln[199].

Entfallen die Voraussetzungen für die Annahme eines Besitzunternehmens nur t e i l w e i s e , so können einerseits die Grundsätze der Betriebsaufspaltung weiterhin anzuwenden sein, während andererseits das Wahlrecht gemäß dem Verpachtungserlaß zum Zuge kommen kann.

Im Beispielsfall soll ein Gesellschafter einer Betriebs-GmbH 2 Grundstücke vermietet haben. Die Betriebs-GmbH betreibt zunächst auf jedem der Grundstücke je ein Restaurant. Wird der Restaurant-Betrieb auf einem Grundstück stillgelegt, so ändert sich hinsichtlich des anderen Grundstücks nichts, während beim Grundstück, dessen Restaurant aufgegeben wurde, unter den Voraussetzungen der Grundsätze des Abschn. 14 Abs. 3 — 5 EStR 1975 weiterhin (gewillkürtes) Betriebsvermögen vorliegt[200].

---

198 1 BvR 500/72, HFR 1974 S. 459; vgl. dazu auch DB 1975 S. 376 und *Labus*, BB 1974 S. 361
199 Vgl. gleichlautenden Ländererlaß über die ertragsteuerliche und gewerbesteuerliche Behandlung von Betriebsverpachtungen (Verpachtungserlaß) vom 28. 12. 1964, BStBl. 1965 II S. 5—7; siehe auch *Seithel*, Ertragsteuerliche Probleme..., aaO, S. 260; *Bise*, Zur Betriebsaufspaltung..., aaO, S. 216; *ohne Verfasser*, DB 1975 S. 2013 sowie RdNr. 2 G
200 *Ohne Verfasser*, Zur Beendigung..., aaO, DB 1975 S. 2013

Auch der BFH[201] räumt entgegen Abschn. 15 Abs. 4 GewStR die Möglichkeit ein, zwischen gewerbesteuerfreier und gewerbesteuerpflichtiger Verpachtung eines Teilbetriebes zu wählen.

b) *Abschreibungsbefugnis und Bilanzierungsfragen*

9 Regelmäßig gehören — wie vorstehend gezeigt wurde — die verpachteten Anlagen zum notwendigen Betriebsvermögen des Besitzunternehmens. Für die Frage, wer die Absetzungen für Abnutzungen vornehmen darf, kommt es auf die Ausgestaltung des Pachtvertrages, insbesondere auf die Verpflichtungen der Betriebsgesellschaft als Pächterin an.

10 Trifft entsprechend den gesetzlichen Bestimmungen (§§ 581 ff. BGB) die Pächterin nur die Pflicht zur pfleglichen Behandlung der Pachtgegenstände, liegt also die Ersatzbeschaffungspflicht bei der Besitzgesellschaft als Verpächterin, so hat diese als bürgerlich-rechtliche und auch wirtschaftliche Eigentümerin die Anlagen weiterhin zu aktivieren; sie kann die AfA vornehmen[202].

Die für die Ersatzbeschaffung nötigen Mittel müssen der Verpächterin über den Pachtzins zur Verfügung gestellt werden.

11 Sinnvoller ist aber eine Vereinbarung, wonach die Pächterin verpflichtet ist, die gepachteten Anlagen in demselben Zustand unter Berücksichtigung der technischen Entwicklung bei Pachtende zurückzugeben. Damit soll erreicht werden, daß die Verpächterin unmittelbar nach Beendigung des Pachtvertrages ohne weitere Investitionen weiter produzieren kann. Geht man formal-juristisch vom bürgerlich-rechtlichen Eigentum aus — die verpachteten Anlagen sind weiterhin Eigentum der Verpächterin, von der Pächterin ersetzte Wirtschaftsgüter werden regelmäßig sofort mit der Anschaffung Eigentum der Verpächterin, nicht erst bei Pachtende —, so muß die Verpächterin aktivieren und abschreiben[203]. Ein wirtschaftliches Eigentum der Pächterin wird im allgemeinen abgelehnt.

12 Im Vordergrund aller *Bilanzierungsfragen* steht bei der Betriebs-

---
201 Urteil vom 5. 10. 1976, BStBl. 1977 II S. 42, BB 1977 S. 331
202 *BFH*, 2. 11. 1965, BStBl. 1966 III S. 61; *BFH*, 21. 12. 1965, BStBl. 1966 III S. 147, BB 1966 S. 278; vgl. auch *ohne Verfasser*, Erneuerungsbeschaffung..., aaO, S. 955
203 So die hM, vgl. *BFH*, 21. 12. 1965, aaO, und 23. 6. 1966, BStBl. 1966 III S. 589, BB 1966 S. 1178; so auch *Nolte*, aaO, S. 145; *Böttcher/Beinert*, Die Rechtsprechung..., aaO, S. 1783; *Fichtelmann*, aaO, S. 291

aufspaltung die Forderung des BFH[204] der korrespondierenden Bilanzierung zwischen Besitz- und Betriebsunternehmen: Die *Substanzerhaltungsrückstellung* muß mit dem aktivierten Ersatzbeschaffungsanspruch übereinstimmen. Die Finanzverwaltung hat sich der Ansicht des BFH angeschlossen[205].

Ein allgemeines Gebot einer korrespondierenden Bilanzierung gibt es weder im Handels- noch im Steuerrecht[206]. Der BFH begründet seine vom Grundsatz abweichende Auffassung mit der wirtschaftlichen Einheit (Doppelgesellschaft) von nur formal-juristisch getrennten Unternehmen.

Die Auffassung des BFH ist in der Vergangenheit heftig kritisiert worden[207].

Die Begründung des BFH kann aber m. E. nach dem 8. 11. 1971[208] **13** nicht mehr aufrecht erhalten werden: Der Große Senat geht nicht mehr von einem einheitlichen *wirtschaftlichen* Unternehmen aus, sondern betont die rechtliche Selbständigkeit beider Gesellschaften. Die Klammer ist nicht mehr die Beteiligungsidentität, auf Grund deren die Finanzverwaltung die korrespondierende Bilanzierung verlangt, sondern die tatsächliche Beherrschungsmöglichkeit. Die rechtliche Selbständigkeit steht zukünftig der Forderung auf korrespondierende Bilanzierung entgegen[209].

Wenn die Betriebskapitalgesellschaft auf eigene Rechnung Um- **14** oder Anbauten an den gepachteten Gebäuden vornimmt, so hängt die Bilanzierung von den vertraglichen Vereinbarungen ab. Erhält sie von der Besitzgesellschaft keinen Ersatz und gehen die Bauten bei Vertragsende entschädigungslos über, so sind die Aufwendungen von der Betriebsgesellschaft als besondere Wirtschaftsgüter zu aktivieren und auf die Nutzungsdauer — die voraussichtliche restliche Dauer des Pacht- und Betriebsüberlassungsvertrages — zu verteilen.

---

204 Urteil vom 21. 12. 1965, aaO, S. 147; ebenso Urteil vom 23. 6. 1966, aaO; zustimmend *Hoffmann*, Bilanzierungsprobleme . . ., aaO, S. 205
205 Vgl. BB 1960 S. 818
206 Vgl. *Herrmann/Heuer*, aaO, Anm. 65 b zu § 5 EStG
207 *Herrmann/Heuer*, aaO, Anm. 66 k zu § 5 EStG mit weiteren Nachweisen; vgl. dazu auch *Schaaf*, Zur Bewertung . . ., aaO.
208 Beschluß des Großen Senats, BStBl. 1972 II S. 63, BB 1972 S. 30
209 So auch *Fichtelmann*, Die Betriebsaufspaltung . . ., aaO, S. 292; *Littmann*, Auswirkungen . . ., aaO, S. 398; *ohne Verfasser*, Sachwertdarlehen . . ., aaO, S. 699

Nur wenn die Besitzgesellschaft sofort mit der Errichtung das Verfügungsrecht über das Gebäude erhält — was bei der Betriebsaufspaltung regelmäßig nicht der Fall sein wird —, dann ist ihr entsprechend den Grundsätzen über die Behandlung von Baukostenzuschüssen für jedes Jahr der Nutzung durch die Betriebsgesellschaft ein entsprechender Anteil der Baukosten als Pachteinnahme zuzurechnen[210].

15 Gewährt eine Besitz-KG der Betriebs-GmbH ein *Sachwert-Darlehen* (Warendarlehen), so müssen nach der Entscheidung des FG Düsseldorf vom 28. 2. 1973[211] der Anspruch der KG auf Warenrückgewähr und die entsprechende Rückgewährverpflichtung der GmbH zu jedem Bilanzstichtag mit dem gleichen Betrag angesetzt werden. Der gebotenen übereinstimmenden Bilanzierung soll aber nicht entgegenstehen, daß zu einem späteren Bilanzstichtag die Wiederbeschaffungskosten der Waren die Anschaffungskosten übersteigen, mit denen im Zeitpunkt der Darlehenshingabe der Anspruch auf Warenrückgewähr bewertet worden ist.

Der BFH[212] hat die Entscheidung des FG Düsseldorf bestätigt und entschieden, daß bei einer Betriebsaufspaltung das Besitzunternehmen eine aus einem Pachtvertrag abgeleitete Warenrückgabeforderung gegen die Betriebsgesellschaft grundsätzlich mit dem gleichen Wert zu aktivieren hat, mit dem die Betriebsgesellschaft die Rückgabeverpflichtung passiviert. (Auch aus gewerbesteuerlichen Gründen ist es zweckmäßiger, immer das Unternehmen insgesamt zu verpachten, als einzelne Wirtschaftsgüter darlehensweise zur Verfügung zu stellen[213]).

c) Gewinnverwirklichung während der Laufzeit des Pacht- und Betriebsüberlassungsvertrages?

16 Wie dargestellt, fordern Rechtsprechung und Verwaltung eine korrespondierende Bilanzierung zwischen Substanzerhaltungsrückstellung bei der Betriebsgesellschaft und dem aktivierten Ersatz-

---

210 Vgl. *Klempt/Winter,* Zur steuerlichen Behandlung..., aaO, S. 179 und *BFH,* 22. 4. 1966, BStBl. 1966 III S. 368 und DB 1972 S. 2136
211 EFG 1973 S. 373
212 Urteil vom 26. 6. 1975, IV R 59/73, BStBl. II S. 700, BB 1975 S. 1002, DStZ/B 1975 S. 274 WPg 1975 S. 609; vgl. auch *ohne Verfasser,* Sachwertdarlehen..., aaO, S. 699
213 *BFH, 5. 5.* 1976, BFHE 119 S. 478, BStBl. II S. 717, BB 1976 S. 1451

beschaffungsanspruch bei dem Besitzunternehmen. Die Substanzerhaltungsrückstellung kann auf der Grundlage der Wiederbeschaffungskosten erfolgen. Dadurch entsteht bei der Betriebsgesellschaft eine höhere Gewinnminderung, als sie bei einer normalen AfA eintreten würde. Die Verwaltung sieht hier eine Bevorzugung der Doppelgesellschaft: Preissteigerungen könnten neutralisiert und die Substanz des Unternehmens gesichert werden. Dagegen stellt die Finanzverwaltung die Forderung, daß das Besitzunternehmen als Verpächterin in Höhe des Unterschieds zwischen AfA und Zuführungen zum Aktivposten Ersatzbeschaffung oder Ersatzbeschaffungsanspruch Gewinn oder Verlust ausweist. Ein Gewinn entsteht besonders dann, wenn das Wirtschaftsgut bei Beginn des Pacht- und Betriebsüberlassungsvertrages bereits weitgehend abgeschrieben war.

Die Folge ist, daß beim Besitzunternehmen *nicht verwirklichte Gewinne* ausgewiesen werden. Der BFH[214] weist dieses Argument zurück: An jedem Bilanzstichtag müsse der bis dahin entstandene Teil des Ersatzbeschaffungsanspruchs als Einheit betrachtet und neu bewertet werden. Dieser Teil sei nach Substanz und Menge ein anderes Wirtschaftsgut als die in den vorhergehenden Bilanzen aktivierten Teilansprüche. Die Betriebsgesellschaft sei zu laufenden Ersatzansprüchen verpflichtet und nicht erst bei Ende des Pacht- und Betriebsüberlassungsvertrages.

Die Verwaltung hat sich m. W. die Ansicht des BFH immer dann zu eigen gemacht, wenn an beiden Unternehmen zu mehr als 90 % die gleichen Gesellschafter beteiligt sind[215].

Die von BFH und Verwaltung behauptete Gewinnverwirklichung ist nicht zwingend und ist deshalb auf vielfache Kritik gestoßen. Sie belastet die Besitzgesellschaft mit Steuern, obwohl ihr aus dem Pachtverhältnis keine Mittel zufließen, und bürdet ihr unnötige Verwaltungsarbeit auf.

d) *Verwertung einer Erfindung im Rahmen einer Betriebsaufspaltung*

Nach § 4 der Verordnung über die einkommensteuerliche Behand-

---

214 *BFH*, 21. 12. 1965, BStBl. 1966 III S. 147, BB 1966 S. 278, *BFH*, 23. 6. 1966, BStBl. 1966 III S. 589, BB 1966, S. 1178
215 BB 1960 S. 818

19—20 E

lung der freien Erfinder vom 30. 5. 1951[216] sind dem Erfinder eine Reihe von Vergünstigungen eingeräumt, wenn die Erfindung nicht im eigenen gewerblichen Betrieb verwertet wird[217]. Das FG Düsseldorf hatte im Urteil vom 12. 11. 1965[218] eine Erfindung, die ein Steuerpflichtiger bei einer Betriebsaufspaltung der Betriebs-GmbH überließ, als in einem fremden Betrieb verwertet angesehen und die Begünstigung gewährt.

19 Der BFH vertrat zunächst eine andere Ansicht[219]. Als Begründung führte der BFH damals an, daß bei einer Betriebsaufspaltung weiterhin ein wirtschaftlich einheitliches Unternehmen gegeben sei. In der 2. Auflage dieser Broschüre wurde demgegenüber schon darauf hingewiesen, daß diese Auffassung nach dem Beschluß des großen Senats vom 8. 11. 1971 nicht mehr haltbar ist und die Entscheidungen des BFH vom 23. 4. 1971 und 26. 5. 1971 entsprechend angewandt werden müßten[220].

20 Der BFH hat in seinem Urteil vom 24. 3. 1977[221] seine Rspr. wie sie im Urteil vom 9. 7. 1970[219] zum Ausdruck kam, ausdrücklich aufgegeben und erkennt bei einer Betriebsaufspaltung die Vergünstigung nach § 4 Nr. 3 ErfVO an.

---

216 BGBl. 1951 S. 387, zuletzt geändert durch Art. 4 des Gesetzes zur Änderung des Berlinförderungsgesetzes und anderer Gesetze vom 19. 12. 1975, BGBl. 1 S. 3157, BStBl. 1976 I S. 2; der Erfinderverordnung (ErfVo) ist Gesetzeskraft verliehen worden durch das Gesetz zur Überleitung steuerrechtlicher Vorschriften für Erfinder, Art. 3 StÄndG 1968 vom 20. 2. 1969, BGBl. 1969 S. 141 (§ 51 Abs. Nr. 2 Buchst. d bis f EStG 1971 konnten durch das Einkommensteuerreformgesetz vom 5. 8. 1974 deshalb gestrichen werden). Durch Gesetz vom 18. 7. 1974 (Art. 4) ist die Anwendung der ErfVO ausgedehnt worden auf den Veranlagungszeitraum 1975 sowie beim Steuerabzug vom Arbeitslohn auf Vergütungen und Prämien, die vor dem 1. 1. 1976 zufließen. Durch Art. 3 des Gesetzes vom 19. 12. 1975, BGBl. I S. 3157 ist die ErfVO um weitere 3 Jahre bis 31. 12. 1978 verlängert worden.
217 Zum Beginn der Verwertung bei Übergabe der Lizenzen vgl. *BFH*, 13. 4. 1972, BStBl. 1972 II S. 762, BB 1972 S. 1216
218 EFG 1966 S. 178
219 *BFH*, 9. 7. 1970, BStBl. 1970 II S. 722, BB 1970 S. 1337
220 *BFH*, 23. 4. 1971, BStBl. 1971 II S. 710, BB 1971 S. 1354/1355; *BFH*, 26. 5. 1971, BStBl. 1971 II S. 735, BB 1971 S. 1354; im Ergebnis so auch *Fichtelmann*, Die Betriebsaufspaltung..., aaO, S. 298; *Bise*, Zur Betriebsaufspaltung..., aaO, S. 214; *Irmler*, aaO S. 1267; *Felix*, Körperschaftsteuerreform..., aaO, S. 156 Tz 727
221 IV R 39/73, BStBl. 1977 II S. 821, BB 1977 S. 877

Damit sind die Erlasse der Finanzverwaltung, die ab 1. 1. 1971 die Grundsätze des BFH-Urteils vom 9. 7. 1970 anwenden wollten[222], ebenso hinfällig wie das Urteil des FG Berlin[223].

2. Die Gewerbesteuerpflicht der Besitzgesellschaft

a) Gewerbesteuerpflicht der laufenden Pachtzinszahlungen

Nach ständiger Rechtsprechung[224] nimmt das Besitzpersonenunternehmen über die Betriebskapitalgesellschaft am allgemeinen wirtschaftlichen Verkehr teil und ist deshalb mit der laufenden Pacht sowie sonstigen Gewinnen gewerbesteuerpflichtig. Die Gewerbesteuerpflicht ist nach dieser Rechtsprechung auch gegeben, wenn das Besitzunternehmen fremden Grundbesitz, den es von Dritten gepachtet hat, an die Betriebskapitalgesellschaft weiterverpachtet und dieser immaterielle Wirtschaftsgüter, z. B. den Firmennamen und Erfindungen[225] überläßt. Dabei ist es unerheblich, ob das Anlagevermögen durch eine Gesellschaft zur gesamten Hand (BGB-Gesellschaft, OHG, KG) oder eine Gemeinschaft nach Bruchteilen (§ 743 BGB) verpachtet wird[226].

Nach Bettlewski[227] soll wenigstens dann, wenn das Besitzunternehmen eine Einzelfirma ist, auf die Pachtzahlungen keine Gewerbesteuer zu zahlen sein. Diese Meinung konnte sich aber nicht durchsetzen[228]. Es war zwar in der Vergangenheit mehrmals versucht worden, die ständige Rechtsprechung des BFH zu durchbrechen. Hingewiesen sei hier insbesondere auf mehrere Urteile des FG Münster[229].

Diese Bemühungen waren aber vergeblich. Die Rechtsprechung des BFH wurde durch den Beschluß des BVerfG vom 14. 1. 1969[230] sanktioniert.

---

222 Erlaß NRW vom 8. 11. 1971, BB 1971, S. 1494 und *Fella*, aaO, S. 3
223 EFG 1973 S. 494
224 *BFH*, 22. 1. 1954, BStBl. 1954 III S. 91; *BFH*, 8. 11. 1960, BStBl. 1960 III S. 513, BB 1961 S. 83; *BFH*, 25. 7. 1963, BStBl. 1963 III S. 505; *BFH*, 28. 1. 1965, BStBl. 1965 III S. 261, BB 1965 S. 451
225 *BFH*, 11. 8. 1966, BStBl. 1966 III S. 601, BB 1966 S. 1180
226 *Ohne Verfasser*, StBp 1971 S. 177
227 AaO, S. 386
228 Auch bei Einzelunternehmen wurde die Gewerbesteuerpflicht bejaht vom *RFH*, 1. 7. 1942, RStBl. 1942 S. 1081
229 24. 7. 1959, EFG 1960 S. 65 und 28. 6. 1963, EFG 1963 S. 463
230 BStBl. 1969 II S. 389, BB 1969 S. 351

23 E

Nach Auffassung der Finanzverwaltung liegt ein wirtschaftlich einheitlicher Betrieb vor und das Besitzunternehmen ist gewerbesteuerpflichtig, wenn eine Personengruppe an beiden Unternehmen mit mindestens 50 % beteiligt ist[231]. Damit schließt sich die Finanzverwaltung der Entscheidung des IV. Senats vom 2. 8. 1972[232] an und lehnt die Entscheidung des I. Senats vom 18. 10. 1972[233] ab, der eine mindestens 75-%-Beteiligung verlangt. Der Erlaß des Niedersächsischen Finanzministeriums vom 26. 3. 1973 — B 1400 — 24 — 31 3[234] ist überholt, wonach Entscheidungen über Rechtsbehelfe im Einvernehmen mit dem StPfl. zurückzustellen waren. Der IV. Senat hat seine Rechtsauffassung wiederholt[235]; neuerdings hat sich auch der I. Senat dem angeschlossen[236].

Die Argumentation des BFH und des BVerfG zur Bejahung der Gewerbesteuerpflicht der Pachtzinsen läßt sich m. E. nicht mehr aufrechterhalten: Nachdem der BFH die rechtliche Selbständigkeit von Besitz- und Betriebsgesellschaft betont, ist nicht einzusehen, inwiefern die Verpachtung von Produktionsanlagen an eine Betriebsgesellschaft unterschiedlich behandelt werden soll, je nachdem, ob das Besitzunternehmen oder ein Gesellschafter mehrheitlich an der Betriebsgesellschaft beteiligt ist oder nicht[237].

b) Gewerbesteuerliche Organschaft oder Unternehmenseinheit?

23 Aus dem BFH-Urteil vom 25. 7. 1957[238] folgt, daß die für die Organschaft erforderliche wirtschaftliche Eingliederung der Tochtergesellschaft in das beherrschende Unternehmen voraussetzt, daß das beherrschende Unternehmen selbst ein gewerbliches Unternehmen betreibt, in welches die Tochtergesellschaft nach Art einer Betriebstätte eingeordnet ist. Deshalb wäre diese erste Voraussetzung für die Organschaft nur erfüllt, wenn die Besitzgesellschaft als herrschende Gesellschaft die Haupttätigkeit ausüben und die Betriebsgesellschaft diese Haupttätigkeit nur fördern würde.

---

231 Vgl. Fußnote 106
232 Vgl. Fußnote 99
233 Vgl. Fußnote 101
234 BB 1973 S. 511
235 Vgl. die Urteile vom 23. 11. 1972, BStBl. 1972 II S. 247, BB 1973 S. 374; 20. 9. 1973, BStBl. 1973 II S. 869, BB 1973 S. 1521
236 Urteil vom 11. 12. 1974 — I R 260/72, BFHE 114 S. 433, BStBl. 1975 II S. 266, BB 1975 S. 506, FR 1975 S. 154
237 So auch *Pawlowski*, aaO, S. 258
238 BStBl. 1957 III S. 303

Das Niedersächs. FG[239] hat bei einer umgekehrten Betriebsaufspaltung (GmbH als Organ einer KG) eine gewerbesteuerliche Organschaft gem. § 2 Abs. 2 S. 2 GewStG bejaht, da die Betriebs-Personengesellschaft als Organträgerin gewerblich tätig sei und die Besitz-Kapitalgesellschaft sich auf die Verwaltung ihres Vermögens beschränke. Die Besitz-Kapitalgesellschaft sei dann finanziell in die Betriebs-Personengesellschaft eingegliedert, wenn die Gesellschafter der Personengesellschaft (Organträgerin) über die Mehrheit der Stimmen bei der Kapitalgesellschaft (Organ) verfügten.

Eine Unternehmenseinheit[240] (Gleichordnung) ist nicht gegeben: Die Betriebs-GmbH ist als Kapitalgesellschaft in ihrem Rechtscharakter mit dem Besitzunternehmen als Einzelunternehmen oder Personengesellschaft nicht vergleichbar. 24

In Abschn. 17 Abs. 5 GewStR 1975 wird grundsätzlich bei Betriebsaufspaltung eine Organschaft abgelehnt; das Besitzunternehmen soll aber dann Organträger sein können, wenn es über die gewerbliche Verpachtung hinaus eine nach außen in Erscheinung tretende Tätigkeit entfaltet, die durch den Betrieb der Kapitalgesellschaft (Organgesellschaft) gefördert wird und die im Rahmen des Gesamtunternehmens (Organkreises) nicht von untergeordneter Bedeutung ist. Auch Schmidt/Steppert[241] wollen in bestimmten Fällen ein Organverhältnis zwischen Besitz- und Betriebsunternehmen anerkennen. Bei der Aufspaltung in eine Produktions- und Vertriebskapitalgesellschaft kann ebenso wie bei der Körperschaftsteuer ein gewerbesteuerliches Organverhältnis vorliegen[242]. 25

c) Erweiterte Kürzung nach § 9 Nr. 1 Satz 2 GewStG?

Nach dem Beschluß des BVerfG vom 14. 1. 1969, der die Rechtsprechung des BFH zur Gewerbesteuerpflicht des Besitzpersonenunternehmens sanktionierte, konzentrierte sich das Interesse auf die mögliche erweiterte Kürzung nach § 9 Nr. 1 S. 2 GewStG. Nach dieser Bestimmung können Unternehmen, die ausschließlich Grundbesitz verwalten oder nutzen, den Gewerbeertrag um den Teil kürzen, der auf die Verwaltung und Nutzung des eigenen Grundbesitzes entfällt. 26

---
239 Urt. vom 8. 7. 1975, EFG 1976 S. 176; Revision eingelegt. Az des *BFH:* I R 204/75; vgl. auch *ohne Verfasser,* GmbH . . ., DB 1976 S. 1038
240 *BFH,* 26. 4. 1966, BStBl. 1966 III S. 426, BB 1966 S. 772
241 AaO, S. 147
242 *Schmidt/Steppert,* aaO, S. 75

27 Die Anwendung des § 9 Nr. 1 Satz 2 GewStG[243] auf die Betriebsaufspaltung ist umstritten. Zugelassen hat die Kürzung das FG Düsseldorf und der V. Senat des FG Baden-Württemberg[244]; ablehnende Stellungnahmen liegen vom I. und IV. Senat des FG Baden-Württemberg vor[245] und vom FG Münster[246]. In der Literatur haben die Anwendung des § 9 Nr. 1 Satz 2 GewStG bejaht: Winter[247], Laube[248], Klempt/Winter[249], Böttcher/Beinert[250], Brönner[251], Hübl[252], Henninger[253], Felix/Korn[254], Lange[255].
Ablehnende Stellungnahmen liegen vor von Cossel[256], Weissenborn/Schaaf[257], Barth[258] und Rabe[259].

28 Gegen die erweiterte Kürzung beim Besitzunternehmen wird u. a. eingewandt, die Vermietertätigkeit erhalte dadurch, daß sich das Besitzunternehmen über die Betriebs-GmbH am allgemeinen wirtschaftlichen Verkehr beteilige und mit ihr eine wirtschaftliche Einheit bilde, einen besonderen wirtschaftlichen Charakter, der es ausschließe, sie einer bloßen Vermögensverwaltung gleichzustellen. Wirtschaftlich gesehen, diene der verpachtete Grundbesitz einer einheitlichen Unternehmertätigkeit. Das Besitzpersonenunternehmen erfülle auch schon deshalb nicht die Voraussetzungen des § 9 Nr. 1 Satz 2 GewStG, weil die Anteile an der Betriebsgesellschaft zu einem Betriebsvermögen gehörten und das Halten der Beteiligung nicht nur von untergeordneter Bedeutung sei. Schließlich sei die erweiterte Kürzung wegen § 9 Nr. 1 Satz 4 GewStG nicht anwendbar.

---

243 Das GewStG 1974 in der Fassung vom 15. 8. 1974, BGBl. 1974 I S. 1972 hat hier keine Änderung gebracht
244 15. 8. 1972, EFG 1972 S. 552 und 25. 9. 1970, EFG 1971 S. 148
245 18. 2. 1971, EFG 1971 S. 498; 18. 7. 1972, EFG 1972 S. 537; vgl. hierzu auch DB 1973 S. 28
246 23. 4. 1971, EFG 1971 S. 599
247 StBp 1967 S. 248
248 DStZ/A 1969 S. 60
249 Die ertragsteuerliche Behandlung..., aaO, S. 35
250 DB 1966 S. 1786
251 Die Besteuerung der Gesellschaften, aaO, Abschn. IV, Tz 156
252 In: *Blümich/Boyens/Steinbring/Klein/Hübl*, GewStG 8. Aufl. 1968 § 9 Anm. 3
253 DB 1969 S. 637; DB 1971 S. 652 und S. 844
254 DStR 1971 S. 135
255 Steuerwarte 1972 S. 149
256 AaO, S. 542
257 GmbH-Rdsch. 1968 S. 148
258 Grundstücksverträge bei der Gewerbesteuer..., aaO, S. 2101
259 AaO, S. 111

Diese Einwendungen sind m. E. nicht begründet: Der gewerbliche **29** Charakter des Besitzunternehmens ist Voraussetzung für die Anwendung des § 9 Nr. 1 S. 2 GewStG: Wäre das Besitzpersonenunternehmen kein Gewerbebetrieb, so wäre für die Kürzungsvorschrift überhaupt kein Raum. Auch die Zugehörigkeit der Anteile an der Betriebskapitalgesellschaft zum Betriebsvermögen des Besitzunternehmens muß nicht die Versagung der erweiterten Kürzung zur Folge haben.

Die Ausschlußvorschrift des § 9 Nr. 1 S. 4 GewStG steht m. E. der Inanspruchnahme der erweiterten Kürzung durch das Besitzpersonenunternehmen nicht entgegen[260].

Die Betriebs-GmbH ist keine Betriebstätte des Besitzpersonenunternehmens[261], so daß die an die Betriebs-GmbH verpachteten Grundstücke auch nicht einer Betriebstätte des Besitzunternehmens dienen.

Der I. Senat des BFH hat in einem Urteil vom 29. 3. 1973[262] die erweiterte Kürzung des Gewerbeertrages nach § 9 Nr. 1 S. 2 GewStG abgelehnt.

d) Gewerbesteuerliches Schachtelprivileg

Wie gezeigt, gehören zum notwendigen Betriebsvermögen des **30** Besitzpersonenunternehmens auch die Anteile an der Betriebskapitalgesellschaft. Bei der Ermittlung des Gewerbekapitals wird die Beteiligung an der Betriebskapitalgesellschaft jedoch auf Grund der Kürzungsvorschrift des § 12 Abs. 3 Nr. 2a GewStG außer Ansatz gelassen (gewerbekapitalsteuerliches Schachtelprivileg).

Offene und verdeckte Gewinnausschüttungen erhöhen zwar die **31** Miet- oder Pachteinnahmen, den gewerblichen Gewinn des Besitzpersonenunternehmens. Nach der Kürzungsvorschrift des § 9 Nr. 2a GewStG gehören die offenen und verdeckten Gewinnausschüttungen der Betriebs-GmbH nicht zum Gewerbeertrag des Besitzpersonenunternehmens (gewerbeertragsteuerliches Schachtelprivileg).

---

260 So auch *Klempt/Winter*, StBp 1971 S. 37, die nur dann, wenn die Betriebs-GmbH ihrerseits Gesellschafterin des Besitzpersonenunternehmens ist, den Ausschlußtatbestand des § 9 Nr. 1 S. 4 GewStG annehmen.
261 *BFH*, 10. 6. 1966, BStBl. 1966 III S. 598, BB 1966 S. 1386
262 BStBl. 1973 II S. 688, BB 1973 S. 1016, DB 1973 S. 168 ebenso *BFH*, 28. 6. 1973, BStBl. 1973 II S. 686, BB 1973 S. 1017

e) Gewerbesteuer und Erbbaurecht

32 Bestellen die beherrschenden Gesellschafter einer Betriebs-GmbH ein Erbbaurecht, dann ist allein auf Grund der Erbbaurechtsbestellung noch kein gewerbesteuerpflichtiges Besitzpersonenunternehmen zu bejahen[263].

33 Ein Besitzpersonenunternehmen könnte nur bejaht werden, wenn nach den besonderen Bedürfnissen und Anforderungen der Betriebs-GmbH gestaltete und hergerichtete Gebäude vermietet wären[264]. Wird ein Erbbaurecht bestellt, und errichtet die Betriebs-GmbH Gebäude, dann errichtet sie diese Gebäude auf Grund des ihr zustehenden Erbbaurechts (die Gebäude gelten als wesentliche Bestandteile des Erbbaurechts)[265]. Es erfolgt also keine Vermietung durch die beherrschenden Gesellschafter.

34 Eine Gewerbesteuerpflicht des »Besitzpersonenunternehmens« ist selbst dann zu verneinen, wenn zur Zeit der Bestellung des Erbbaurechts schon Gebäude vorhanden sind, weil in diesen Fällen die Betriebs-GmbH auch Eigentümerin der bereits vorhandenen Gebäude wird.

f) Erlöschen der Gewerbesteuerpflicht beim Übergang vom Besitzunternehmen zur Betriebsverpachtung

35 Ein Besitzunternehmen i. S. der Rechtsprechung zur Betriebsaufspaltung ist nur so lange gegeben, als ein die Betriebs-GmbH beherrschender Gesellschafter diese Wirtschaftsgüter verpachtet, die eine wesentliche Grundlage für die Führung des Betriebes der GmbH darstellen.

Fällt eine dieser Voraussetzungen weg — z. B. die Anteile an der GmbH werden an Dritte veräußert oder infolge Produktionsänderung der GmbH oder Erweiterung des Umfangs des eigenen Anlagevermögens der GmbH sind die verpachteten Gegenstände keine wesentlichen Betriebsgrundlagen mehr —, dann liegt kein Besitzunternehmen mehr vor. Durch die Übertragung von Anteilen an der Betriebs- oder Besitzgesellschaft auf die Ehefrau oder minderjährigen Kinder kommt man aber nicht zur reinen Betriebsverpachtung, da deren Anteile dem Ehemann zugerechnet werden (vgl.

---

263 Ebenso, *ohne Verfasser*, Besitzpersonenunternehmen und ..., aaO, S. 1048; *Felix*, Besteuerung ..., aaO, S. 12 Tz 71
264 Vgl. Tz C 54-57
265 Zum Wesen des *Erbbaurechts*, BFH, 17. 1. 1968, BStBl. 1968 II S. 353, BB 1968, S. 701

Tz C 35). Dann kann die Verpächterin wählen zwischen einer Betriebsverpachtung ohne Gewerbesteuerpflicht oder einer Betriebsaufgabe mit Gewinnverwirklichung. Dabei sind die von der Rechtsprechung aufgestellten Kriterien zur Betriebsverpachtung zu beachten, wie sie insbesondere im Verpachtungserlaß vom 28. 12. 1964[266] ihren Niederschlag gefunden haben. Nach dieser Rechtsprechung ist das zuvor genannte Wahlrecht[267] nur möglich, solange die wesentlichen Grundlagen des Betriebes als Ganzes verpachtet sind.

Ist nur ein Betriebsgrundstück verpachtet, sind demgemäß alle anderen Vermögenswerte auf die Betriebs-GmbH gegen Gewährung von Gesellschaftsrechten übertragen worden, vielleicht um die Gewerbeertragskürzung nach § 9 Nr. 1 Satz 2 GewStG in Anspruch nehmen zu können, so könnte man daran denken, daß eine notwendige Betriebsaufgabe vorliegt, nachdem der BFH mehrmals betonte[268], ein Betriebsgrundstück allein sei kein ruhender Gewerbebetrieb.

Wird ein Besitzunternehmen durch Personenstandsveränderung aufgelöst, tritt keine Gewinnrealisierung ein[269]. Auch bei ruhender gewerblicher Tätigkeit tritt keine Gewinnrealisierung ein[270]. Bei Verpachtung von Teilbetrieben siehe Tz. E 8.

Bei der Veräußerung der GmbH-Anteile fällt aber nochmals Gewerbesteuer an. Dabei ist die Kürzungsvorschrift des § 9 Nr. 2a GewStG nicht anwendbar[271]. **36**

3. Umsatzsteuerliche Organschaft

Besitzunternehmen und Betriebsgesellschaft sind umsatzsteuerlich **37** selbständige Rechtssubjekte. Deshalb kann zwischen beiden ein Leistungsaustausch stattfinden. Soweit Grundstücke an die Betriebsgesellschaft verpachtet werden, sind die Einkünfte wegen § 4 Nr. 12a UStG umsatzsteuerfrei[272].

Erträge aus darüber hinaus verpachteten Anlage- und Umlaufver-

---

266 Vgl. Fußnote 199
267 Zu den Grenzen des Wahlrechts, *BFH* 12. 12. 1973, BStBl. 1974 II S. 208, BB 1974 S. 213
268 *BFH*, 16. 11. 1967, BStBl. 1968 II S. 78, BB 1968 S. 157
269 *Ohne Verfasser*, DB 1974 S. 214
270 *BFH*, 25. 5. 1977, I R 93/75, BB 1977 S. 1232; siehe auch Tz G 2
271 *BFH*, 2. 2. 1972, BStBl. 1972 II S. 471
272 Auf die Steuerfreiheit kann gemäß § 9 UStG verzichtet werden

mögen sind umsatzsteuerpflichtig, wenn nicht Organschaft oder Unternehmereinheit vorliegt.

38 Der BFH hatte bereits zur alten Umsatzsteuer Organschaft (Unterordnung) bejaht und als Folge davon Unternehmereinheit (Nebenordnung) verneint[273].
In dem seit 1. 1. 1968 gültigen Umsatzsteuergesetz (Mehrwertsteuer) ist die umsatzsteuerliche Organschaft gesetzlich geregelt (§ 2 Abs. 2 Nr. 2 UStG). Bei der Betriebsaufspaltung wird regelmäßig auch nach dem 1. 1. 1968 umsatzsteuerliche Organschaft angenommen[274], wenn die Anteile der Betriebsgesellschaft dem Besitzunternehmen oder ihren Gesellschaftern gehören (finanzielle Eingliederung), die einheitliche Willensbildung sichergestellt ist (organisatorische Eingliederung) und Besitzunternehmen und Betriebsunternehmen eine wirtschaftliche Einheit bilden (wirtschaftliche Eingliederung).

39 Die einheitliche Willensbildung wird sichergestellt durch die gleiche Geschäftsführung in beiden Unternehmen; die Überlassung der notwendigen Betriebsgrundlagen sichert die wirtschaftliche Eingliederung. Liegt Organschaft vor, dann finden zwischen Besitz- und Betriebsgesellschaft keine Lieferungen und Leistungen i. S. des Umsatzsteuergesetzes statt. Pachtentgelt, Kapitalverzinsungen, Unkostenvergütungen usw. sind innerbetriebliche Vorgänge. Auch die Umsätze des Organs sind, selbst wenn es im eigenen Namen auftritt, bei dem herrschenden Unternehmen zu versteuern[275].

Nachdem sowohl Besitz- als auch Betriebsunternehmen in der Rechtsform einer Personengesellschaft betrieben werden können[276], kann in solchen Fällen bei einer Doppelgesellschaft auch Unternehmereinheit vorliegen[277].

4. Einheitsbewertung und Vermögensteuer

40 Für das Besitzunternehmen ist ein Einheitswert festzustellen, und

---

[273] *BFH*, 26. 2. 1959, BStBl. 1959 III S. 204, BB 1959 S. 442; *BFH*, 13. 4. 1961, BStBl. 1961 III S. 343, BB 1961 S. 968; *BFH*, 6. 12. 1962, BStBl. 1963 III S. 107, BB 1963 S. 178; *BFH*, 28. 1. 1965, BStBl. 1965 III S. 243, BB 1965 S. 489; *BFH*, 17. 11. 1966, BStBl. 1967 III S. 103, BB 1967 S. 194 und 200; *BFH*, 25. 1. 1968, BStBl. 1968 II S. 421, BB 1968 S. 665
[274] Vfg. OFD Saarbrücken vom 9. 7. 1972, S. 7522—6—St 24, UStR 1972 S. 186
[275] *Plückebaum/Malitzky*, aaO, §§ 1—3, Randnr. 233
[276] *BFH*, 29. 7. 1976, BFHE 119 S. 384, BStBl. II S. 750, BB 1977 S. 1262
[277] *BFH*, 10. 3. 1977, V R 105—106/72, BStBl. II S. 521, BB 1977 S. 684

es ist zur Vermögensteuer heranzuziehen, wenn ein gewerblicher Betrieb vorliegt (§§ 95, 97 BewG). Dies setzt beim Einzelunternehmen die Verpachtung der wesentlichen Betriebsgrundlagen voraus: Dazu genügt die Verpachtung von Grundstücken, oder wenn die verpachteten Wirtschaftsgüter nicht die wesentliche Betriebsgrundlage darstellen, daß die Besitzgesellschaft maßgebend an der Betriebs-GmbH beteiligt ist[278], oder das Vorliegen von Gesellschaften i. S. von § 97 Abs. 1 Nr. 5 BewG (OHG, KG und »ähnlichen Gesellschaften, bei denen die Gesellschafter als Unternehmer [Mitunternehmer] anzusehen sind«)[279].

Hinsichtlich des Umfangs des Betriebsvermögens interessieren: der **41** Ansatz möglicher Ersatzansprüche gegen das Betriebsunternehmen, die Behandlung der Anteile an dem Betriebsunternehmen (a) und die Frage, ob durch die Verpachtung ein Firmenwert realisiert wird (b). Das Besitzunternehmen hat mögliche Ersatzansprüche in der Höhe anzusetzen, in der sie das Betriebsunternehmen als Schuld abgezogen hat[280].

a) Die Anteile der Besitzgesellschaft oder ihrer Gesellschafter an der Betriebsgesellschaft

Die Anteile, die der Besitzgesellschaft oder ihren Gesellschaftern **42** gehören, sind zum Betriebsvermögen zu rechnen, wenn sie dem Betrieb der Besitzgesellschaft dienen. Dabei ist unbeachtlich, ob zwischen Besitz- und Betriebsgesellschaft ein Organschaftsverhältnis besteht oder nicht.

Auch bei der Betriebsaufspaltung ist für die Zurechnung der GmbH-Anteile zum Betriebsvermögen keine Personenidentität erforderlich[281].

In dem Fall, den der BFH in seinem Urteil vom 27. 5. 1970 entschieden hat, war der Vater als Komplementär an der Besitz-KG mit einem Gewinnanteil von 60 %, der Sohn als Kommanditist mit 40 % beteiligt. An der Betriebs-GmbH war der Vater überhaupt nicht, der Sohn mit 76 % und der minderjährige Enkel mit 24 % an dem Stammkapital beteiligt. Der BFH hat allein aus der Begriffs-

---

278 Vgl. Abschn. 6 Abs. 1 und 2 VStR 1977
279 *BFH*, 2. 8. 1968, BStBl. 1968 II S. 814, BB 1969 S. 479 und *BFH*, 9. 11. 1956, BStBl. 1957 III S. 14 zu § 56 Abs. 1 Nr. 5 BewG a.F.
280 *Fichtelmann*, Die Betriebsaufspaltung ..., aaO, S. 298
281 *BFH*, 27. 5. 1970, BStBl. 1970 II S. 734, BB 1970 S. 1243

bestimmung des Betriebsvermögens die GmbH-Anteile als Betriebsvermögen der KG bejaht[282].

Im Zusammenhang mit den GmbH-Anteilen vorhandene *Schulden* sind als Betriebsausgaben abzugsfähig.

b) *Ansatz eines Firmenwertes bei der Besitzgesellschaft?*

43 Ein Firmenwert gehört zu den immateriellen Wirtschaftsgütern. Nach Abschn. 53 Abs. 1 VStR 1977 sind immaterielle Wirtschaftsgüter bei der Ermittlung des Betriebsvermögens anzusetzen, wenn sie entgeltlich erworben sind oder wenn die selbständige Bewertungsfähigkeit durch die allgemeine Verkehrsanschauung oder durch Aufwendungen anerkannt wird, die auf das Wirtschaftsgut gemacht worden sind. Die Rechtsprechung hat schon früh entschieden, daß ein Geschäftswert nicht nur durch ein Veräußerungsentgelt, sondern auch durch die Zahlung von Pacht als Wirtschaftsgut vergegenständlicht werden kann[283].

Bei einer Betriebsaufspaltung hat der BFH aber bisher den Ansatz eines Firmenwertes verneint[284]. Zur Begründung weist der III. Senat darauf hin, daß es sich bei der Doppelgesellschaft um ein einheitliches Unternehmen handelt und daß innerhalb eines einheitlichen Unternehmens ein Firmenwert als selbständiges Wirtschaftsgut nicht in Ansatz gebracht werden könne.

Fichtelmann[285] und Felix[286] bezweifeln, ob die Rechtsprechung nach der Entscheidung des Großen Senats vom 8. 11. 1971 aufrechterhalten bleiben kann. Auch wenn nach dieser Entscheidung bei der Betriebsaufspaltung von zwei rechtlich selbständigen Unternehmen ausgegangen werden muß, ist m. E. ein Ansatz des Firmenwertes in Zukunft grundsätzlich nur möglich, wenn er durch besondere Zahlungen von den Pachtzahlungen für das Anlagevermögen eindeutig abgrenzbar ist[287].

Ein Firmenwert kann aber ausdrücklich verpachtet werden[288]; dann ist er auch entsprechend anzusetzen[289].

---

282 So auch schon BFH, 2. 8. 1968, aaO (Fußnote 279)
283 *RFH,* 25. 10. 1934, RStBl. 1935, S. 25; *BFH,* 27. 7. 1962, BStBl. 1962 III S. 436, BB 1962 S. 1150
284 *BFH,* 26. 11. 1964, BStBl. 1965 III S. 80, BB 1965 S. 153
285 AaO, S. 297
286 Besteuerung .., aaO, S. 20
287 *BFH,* 6. 8. 1971, BStBl. 1971 II S. 677, BB 1971 S. 1224
288 Vgl. *BFH,* 31. 3. 1971, BStBl. 1971 II S. 536, BB 1971 S. 901
289 Zu möglichen Gesellschaftsteuer vgl. RdNr. C 74

II. DIE LAUFENDE BESTEUERUNG DES BETRIEBS- ODER VERTRIEBSUNTERNEHMENS

1. Körperschaftsteuer

a) Kann die Betriebsgesellschaft wirtschaftliche Eigentümerin der Pachtgegenstände sein?

Wirtschaftliche Eigentümerin und damit AfA-berechtigt ist bei der Betriebsaufspaltung regelmäßig das Besitzunternehmen[290]. Sind aber auch Fälle denkbar, daß die Betriebsgesellschaft wirtschaftliche Eigentümerin des überlassenen Anlagevermögens ist? Hierzu könnte man neigen, wenn man z. B. die bilanzielle Behandlung von Leasing-Gegenständen betrachtet[291]. Auch wenn der Betriebsgesellschaft die Substanzerhaltungspflicht obliegt, soll nach hM die Aktivierung und AfA bei dem Besitzunternehmen liegen.

Der BFH geht grundsätzlich davon aus, daß bei der Betriebsaufspaltung das wirtschaftliche Eigentum dem bürgerlich-rechtlichen Eigentum folgt. Eine vom bürgerlichen Recht abweichende Zurechnung eines Wirtschaftsgutes ist nach § 39 Abs. 2 AO 1977 (bis 31. 12. 1976: § 11 StAnpG) nur möglich, wenn die Betriebsgesellschaft als Pächterin die tatsächliche Herrschaftsgewalt so ausübt, wie es im allgemeinen dem Eigentümer zusteht.

44

Für die Zurechnung bei der Pächterin wäre aber erforderlich, daß die Verpächterin von der Herrschaft über das Wirtschaftsgut ausgeschlossen ist[292]. Dem Argument, die Betriebsgesellschaft ersetze unbrauchbar gewordene Anlagen, sie schalte und walte mit den Gegenständen nach eigenem Belieben, sie sei deshalb wirtschaftliche Eigentümerin, muß man entgegensetzen, daß ihr Verfügungsrecht dadurch beschränkt ist, daß es nur in den Grenzen einer ordnungsgemäßen Wirtschaft ausgeübt werden darf.

45

Waldner[293] lehnt ein wirtschaftliches Eigentum der Pächterin u. a. schon deswegen ab, weil die Pächterin für die gepachteten Anlagen keine Anschaffungs- oder Herstellungskosten aufgewandt hat. In der Tat würde sich, betrachtet man die Pächterin als wirtschaftliche Eigentümerin, sofort die Frage erheben: Mit welchem Wert hat die

---
290 Vgl. Tz E 9 — 11
291 Vgl. das BdF-Schreiben vom 19. 4. 1971, BStBl. 1971 I S. 264
292 *BFH*, 22. 7. 1960, BStBl. 1960 III S. 420
293 AaO, S. 102

Pächterin die übernommenen Anlagen zu aktivieren, mit den Buchwerten[294] oder mit den Zeitwerten unter gleichzeitiger Passivierung einer Rückgabeverpflichtung in gleicher Höhe?

46 Zum Teil wird auch differenziert: Die Verpächterin soll ihre verpachteten Anlagen (Altanlagen) weiter ausweisen und die AfA darauf vornehmen, während die Pächterin die Neuanschaffungen aktiviert[295]. Dieser Auffassung wird man nur folgen können, wenn der Pachtvertrag so gestaltet ist, daß neu angeschaffte Wirtschaftsgüter nicht sofort ins Eigentum der Verpächterin übergehen, sondern bis Pachtende Eigentum der Pächterin bleiben und die Verpächterin nach Pachtende lediglich einen Anspruch auf Eigentumsübertragung hat. Der Wert, mit dem solche Wirtschaftsgüter als nachträgliche Einnahme zu erfassen sind, richtet sich nach dem Interesse, das die Verpächterin an dem Wirtschaftsgut im Zeitpunkt des Zuflusses hat[296].

Wird die Investition von der Betriebsgesellschaft außerhalb des Vertrages vorgenommen, besteht also auf Grund des Pacht- und Betriebsüberlassungsvertrages keine Verpflichtung der Betriebsgesellschaft zur Anschaffung oder zum Ersatz von Wirtschaftsgütern, dann hat die Betriebsgesellschaft diese Wirtschaftsgüter zu aktivieren und abzuschreiben[297].

47 Von dem vorstehend behandelten Sachverhalt ist die Behandlung des *Umlaufvermögens*, insbesondere der Roh-, Hilfs- und Betriebsstoffe, zu unterscheiden. Werden diese Wirtschaftsgüter nicht in die Betriebsgesellschaft gegen Gewährung von Gesellschaftsrechten eingebracht, sondern der Betriebs-GmbH mit der Bestimmung überlassen, bei Beendigung des Pacht- und Betriebsüberlassungsvertrages Wirtschaftsgüter gleicher Art und Güte zurückzugeben, so liegt regelmäßig ein Darlehen (§ 607 BGB) vor. Die Betriebs-GmbH hat die wirtschaftliche Verfügungsbefugnis erhalten und muß diese Wirtschaftsgüter aktivieren und die Rückgabeverpflichtung passivieren[298]. Das hat natürlich auch Konsequenzen für die Gewerbesteuer: Hinzurechnung von Dauerschuldzinsen beim Gewerbeertrag (§ 8 Nr. 1 GewStG) und des Gesamtwertes des überlassenen

---

294 So DB 1971 S. 1141
295 So *Neitzel*, aaO, S. 128 und *Adler/Düring/Schmaltz,* aaO, § 149 Randnr. 49
296 Vgl. FG Münster, 17. 3. 1972, EFG 1972 S. 426
297 Vgl. auch *ohne Verfasser*, Erneuerungsbeschaffung ..., aaO, S. 955, wo auch zur Behandlung eines Generalüberholungsaufwandes Stellung genommen wird.
298 *BFH*, 30. 11. 1965, BStBl. 1965 III S. 51, BB 1966 S. 115

Umlaufvermögens beim Gewerbekapital (§ 12 Abs. 2 Nr. 1 GewStG)[299].

b) Verdeckte Gewinnausschüttungen und Angemessenheit des Pachtzinses

Zuwendungen an die Gesellschafter sind dem Gewinn der Kapitalgesellschaft zuzurechnen und der Körperschaftsteuer zu unterwerfen (§ 8 Abs. 3 Satz 2 KStG 1977). Verdeckte Gewinnausschüttungen können aber nicht nur an die Gesellschafter der Betriebskapitalgesellschaft erfolgen, sondern auch an Nichtgesellschafter, wenn die Zuwendung mittelbar für einen Gesellschafter erbracht wird oder wenn der Nichtgesellschafter wegen seiner Beziehungen zu einem Gesellschafter auf Grund wirtschaftlicher Betrachtungsweise wie ein Gesellschafter zu behandeln ist.

48

Möglich sind verdeckte Gewinnausschüttungen in vielfältiger Art und Weise: Erhöhte Bezüge von Gesellschafter-Geschäftsführer-Gehältern, nicht gerechtfertigte Darlehenszinsen, die von der Besitzgesellschaft der Betriebsgesellschaft in Rechnung gestellt werden[300], unrealistische Preisvereinbarungen zwischen der Produktions- und Vertriebsgesellschaft usw.[301].

Zu beachten ist aber, daß Geschäfte zwischen den Gesellschaften anzuerkennen sind, wenn die Preisvereinbarungen auch unter

299 *BFH*, 5. 5. 1976, BFHE 119 S. 478, BStBl. II S. 717, BB 1976 S. 1451
300 Eine Nichtabzugsfähigkeit von Darlehenszinsen kann sich darüber hinaus in einzelnen Fällen auch daraus ergeben, daß es sich nicht um ein Darlehen handelt, sondern um verdecktes Stammkapital; die vom *BFH*, 13. 1. 1959, BStBl. III, S. 197, BB 1959, S. 590 gezogenen Grenzen sind aber so eng — ein Darlehen hätte zwingend als Einlage hingegeben werden müssen —, daß bei der Körperschaftsteuer der Begriff des verdeckten Stammkapitals weitgehend außer Betracht gelassen werden kann. Vgl. auch *BFH*, 10. 12. 1975, I R 135/74, BStBl. II S. 226, BB 1976 S. 303, wo eine verdeckte Einlage bei Gesellschafterdarlehen an überschuldete GmbH verneint wird und Erlaß des Nds. FinMin. vom 6. 8. 1976, BB 1976 S. 1114. Anders bei der Gesellschaftsteuer und ggf. auch bei der Einheitsbewertung. Einzelheiten siehe *Grieger*, Wertschulden. ., aaO, S. 181. Eine verdeckte Einlage i. S. des KStG kann ausnahmsweise einmal dann vorliegen, wenn das Besitzunternehmen auf Pachtforderungen, also einen entstandenen Anspruch verzichtet (*BFH*, 29. 5. 1968, BFHE 93 S. 62, BStBl. 1968 II S. 722, BB 1968 S. 1277); erfolgt der Verzicht zur Abwendung schwerer wirtschaftlicher Nachteile, z. B. eines Konkurses, so kann eine Teilwertabschreibung vorgenommen werden (*BFH*, 9. 3. 1977, BStBl. II S. 515, BB 1977 S. 878, DB 1977 S. 1344)
301 Zur vGA bei Vertriebs-GmbH, die insgesamt Gewinne erzielt, gegenüber der Produktionsgesellschaft aber Verlustgeschäfte tätigt, vgl. *Brendle/Schaaf*, aaO, S. 137. Zu vGA bei Betriebsaufspaltungen vgl. auch *Henninger*, Gemischtes Interesse . . ., aaO, S. 44

Fremden üblich wären. Das kaufmännische Ermessen eines Gesellschafter-Geschäftsführers ist auch vom Steuerrecht anzuerkennen, wenn es sich im Rahmen des betreffenden Geschäftszweiges hält[302]. So hat der BFH[303] eine verdeckte Gewinnausschüttung verneint, soweit bei einer Kapitalgesellschaft, die Erzeugnisse herstellt, Aufwendungen anfallen, durch die auch der Vertrieb der Erzeugnisse durch die Firma eines Gesellschafters gefördert wird, wenn die Aufwendungen durch die eigene Produktionstätigkeit der Kapitalgesellschaft verursacht sind oder ihre Übernahme zugunsten der Vertriebsfirma branchenüblich ist. Ebenso hat der BFH ausdrücklich Grundstücksgeschäfte zwischen Besitz- und Betriebsunternehmen anerkannt[304]. Verdeckte Gewinnausschüttungen können sich insbesondere durch überhöhte Pachtzinszahlungen ergeben.

49 Die Festsetzung des Pachtzinses liegt grundsätzlich im Ermessen der Besitz- und Betriebsgesellschaft und ihrer Gesellschafter. Wegen der engen Beziehungen zwischen beiden Gesellschaften kann aber steuerlich nur ein *angemessener* Pachtzins als Betriebsausgabe anerkannt werden; der darüber hinausgehende Betrag ist als verdeckte Gewinnausschüttung zu behandeln.

Verdeckte Gewinnausschüttungen werden künftig nicht mehr die Rolle spielen wie bisher. Das ab 1. 1. 1977 geltende KStG 1977 kennt zwar ausdrücklich dieses Rechtsinstitut (§ 8 Abs. 3 S. 2), durch das Anrechnungsverfahren hat die verdeckte Gewinnausschüttung aber weitgehend ihren Strafcharakter verloren[305].

c) Höhe der Pachterneuerungsrückstellungen

50 Rückstellungen dienen u. a. der Erfassung von Aufwendungen, Verbindlichkeiten, Lasten usw., die am Bilanzstichtag dem Grunde, aber nicht der Höhe nach bekannt sind. Ist die Betriebsgesellschaft vertraglich verpflichtet, die angepachteten Gegenstände bei Pachtende in betriebsbereitem Zustand zurückzugeben, trifft sie also eine Ersatz- und Modernisierungspflicht, so kann die Betriebsgesellschaft zu Lasten ihres Gewinnes Rückstellungen bilden[306].

---

302 *BFH*, 10. 1. 1973, BFHE 108 S. 183, BStBl. II S. 322, BB 1973 S. 694
303 *BFH*, 16. 2. 1977, BStBl. II S. 568, BB 1977 S. 879
304 *BFH*, 20. 11. 1969, BFHE 97, 308, BB 1970 S. 244
305 Vgl. *Lempenau*, aaO, S. 1209 und dessen Fußnote 1 mit weiteren Nachweisen sowie *Mannhold*, aaO, S. 986, *Deppe*, aaO, S. 1155 und *Knobbe-Keuk*, aaO, S. 157
306 *BFH*, 19. 7. 1955, BStBl. 1955 III S. 266, BB 1955 S. 826; *BFH*, 2. 11. 1965, BStBl. 1966 III S. 61

Handelsrechtlich ist sie dazu verpflichtet. Die Höhe des Gesamtaufwandes wird durch die vertragliche Abmachung bestimmt. Grundlage sind die Wiederbeschaffungskosten. Die Pächterin kann aber nicht irgendwelche in weiter Ferne liegende Wiederbeschaffungskosten für den Zeitpunkt der Ersatzbeschaffung ihrer laufenden Rückstellung zugrunde legen. Sie muß jährlich den Rückstellungsposten neu nach den zu diesem Zeitpunkt bestehenden Wiederbeschaffungskosten bemessen. Hat die Pächterin zu Beginn des Pacht- und Betriebsüberlassungsvertrages *neue* Wirtschaftsgüter übernommen, so ist die Rückstellung in Höhe des künftigen Kaufpreises eines neuen Ersatz-Wirtschaftsgutes unter Berücksichtigung der eingetretenen Preissteigerungen zu bilden. Hat die Pächterin *gebrauchte* Wirtschaftsgüter übernommen, so ist die Gesamtlast der Pächterin so zu bemessen, daß die Rückstellung im Zeitpunkt der Fälligkeit der Ersatzverpflichtung so viel von dem Preis für das neue Ersatz-Wirtschaftsgut angesammelt hat, wie dem Wertigkeitsgrad des ersetzten Wirtschaftsgutes im Zeitpunkt des Pachtbeginns entspricht. Ist also beispielsweise von der Verpächterin bei Pachtbeginn ein Anlagegut schon zur Hälfte abgenutzt und würde im Zeitpunkt der Ersatzbeschaffung der Preis für ein neues Wirtschaftsgut 100 betragen, so kann die Rückstellung nur bis zur Höhe von 50 gebildet werden[307].

d) *Bezüge und Pensionszusagen an die Gesellschafter-Geschäftsführer*

Ein wesentlicher Vorteil der Aufspaltung eines Einzel- oder Personenunternehmens ist die Möglichkeit, über Geschäftsführergehälter und Pensionszusagen (Alters- und Hinterbliebenenversorgung) den laufenden Lebensunterhalt der Inhaber auch im Alter zu Lasten des steuerpflichtigen Betriebsergebnisses zu sichern. Die Auffassung, daß der Inhaber oder Gesellschafter des Besitzunternehmens als Gesellschafter-Geschäftsführer Einkünfte aus Gewerbebetrieb und nicht aus nichtselbständiger Arbeit beziehe, ist nicht haltbar[308]. Es wurde bereits darauf hingewiesen, daß überhöhte Zuwendungen an Gesellschafter-Geschäftsführer verdeckte Gewinnausschüttungen sein können. Deshalb ist der Stellung von in der Betriebs- oder Vertriebsgesellschaft tätigen Gesellschaftern und der Höhe ihrer Bezüge ein besonderes Augenmerk zu widmen.

---

307 Einzelheiten siehe *Schnell*, Die Betriebsaufspaltung ..., aaO, S. 272 ff.; *Kobs*, Rückstellungen ..., aaO, S. 67 ff.; *Schaaf*, Zur Bewertung ..., aaO
308 BFH, 9. 7. 1970, BStBl. 1970 II S. 722, BB 1970 S. 1337

52 Vorweg ist durch einen schriftlichen Dienstvertrag klarzustellen, daß die Gesellschafter bei ihrer Tätigkeit als angestellte Geschäftsführer tätig werden und die Geschäftsführung nicht in ihrer Eigenschaft als Gesellschafter wahrnehmen. Die Gesellschafter sind gemäß § 8 GmbHG zur Eintragung ins Handelsregister anzumelden.

Fehlt ein schriftlicher Dienstvertrag, so stehen nach der Rechtsprechung[309] Zahlungen für diese Tätigkeit im Zusammenhang mit der Beteiligung. Sie sind Betriebseinnahmen beim Besitzunternehmen, wenn die Anteile dem Betriebsvermögen zuzurechnen sind[310].

53 Dabei reicht aber die formalrechtliche Einkleidung in einen Dienstvertrag für die Anerkennung eines Dienstverhältnisses für sich allein nicht aus; es muß eine tatsächliche Arbeitsleistung erbracht werden.

Sind diese Voraussetzungen erfüllt, so sind die Bezüge als Betriebsausgaben abzugsfähig, soweit sie angemessen sind. Ein Maßstab für die Höhe der Bezüge sind die Bezüge, die einem gesellschaftsfremden Dritten als Geschäftsführer gewährt werden müßten. Zu berücksichtigen ist aber weiter das Verhältnis der Vergütungen zu den Erträgen der Betriebsgesellschaft.

54 Sind die Vergütungen der Gesellschafter-Geschäftsführer so hoch, daß nachhaltig der zu erwartende Gewinn voll oder überwiegend aufgezehrt wird, so sind zumindest Teile der gewährten Vergütung nicht abzugsfähig und als verdeckte Gewinnausschüttung zu behandeln. Bei der Höhe der Vergütung sind auch Tantiemen, zinslose Darlehen und Pensionszusagen als geldwerte Vorteile zu berücksichtigen. Pensionszusagen auch an Einmann-Gesellschafter sind anerkannt, wenn auch strenge Anforderungen zu stellen sind: Es muß eine schriftliche Vereinbarung vorliegen, und es muß damit zu rechnen sein, daß der Gesellschafter-Geschäftsführer zum vorgesehenen Zeitpunkt in Pension geht. Pensionsansprüche können aber nicht anerkannt werden und sind als verdeckte Gewinnausschüttung zu behandeln, sofern sie überhöht sind oder für eine frühere Tätigkeit des Gesellschafter-Geschäftsführers als Inhaber einer Einzelfirma oder Personengesellschaft gewährt werden.

---

309 *RFH*, 3. 6. 1930, RStBl. 1930 S. 440; *BFH*, 11. 10. 1955, BStBl. 1955 III S. 397, BB 1956 S. 295
310 *BFH*, 22. 1. 1964, BStBl. 1964 III S. 158, BB 1964 S. 419

e) Organverhältnis zwischen Besitz- und Betriebsgesellschaft?

Der BFH hat in seiner Entscheidung vom 25. 6. 1957[311] das Vorliegen eines Organverhältnisses zwischen einem Besitzpersonenunternehmen und einer Betriebskapitalgesellschaft nach einer Betriebsaufspaltung mit der Begründung verneint, es fehle regelmäßig schon an den ein Organverhältnis begründenden Merkmalen (finanzielle, wirtschaftliche und organisatorische Eingliederung). Ergebnisabführungsverträge wurden darüber hinaus seit der BFH-Entscheidung vom 17. 11. 1966[312] nicht mehr anerkannt. **55**

Mit der Einführung des § 7a KStG 1975[313] wurden auch Ergebnisabführungsverträge von Kapitalgesellschaften mit Personenunternehmen wieder zugelassen (§ 7a Abs. 1 Nr. 3 KStG 1975)[314]; das KStG 1977 hat diese Regelung beibehalten (§ 14 Nr. 3 KStG 1977), Voraussetzung für die steuerliche Anerkennung der Organschaft ist, daß **56**

— der Organträger ein gewerbliches Unternehmen betreibt (§ 14 S. 1 KStG 1977) und
— finanzielle (§ 14 Nr. 1 KStG 1977)[315]
— wirtschaftliche und
— organisatorische Eingliederung (§ 14 Nr. 2 KStG 1977) vorliegen.

Nach einem Urteil des FG München vom 8. 3. 1971[316] übe eine Besitzgesellschaft keine gewerbliche, sondern eine vermögensverwaltende Tätigkeit aus, und schon aus diesem Grunde könne eine Organschaft bei der Betriebsaufspaltung nicht anerkannt werden. Nach Auffassung der Finanzverwaltung[317] soll die Rechtsprechung **57**

---

311 BStBl. 1957 III S. 303, BB 1957 S. 885; *BFH*, 7. 3. 1961, BStBl. 1961 III S. 211; *BFH*, 9. 3. 1962, BStBl. 1962 II S. 199, BB 1962 S. 441; *BFH*, 25. 7. 1963, BStBl. 1963 III S. 505; *BFH*, 26. 4. 1966, BStBl. 1966 III S. 426, BB 1966 S. 722; *BFH*, 18. 4. 1973, BFHE 110 S. 17, BB 1973 S. 1159
312 BFHE 87 S. 253, BStBl. 1967 III S. 118, BB 1967 S. 108 vgl. auch Erlaß Saarland vom 27. 8. 1968 — III — B/II — Tgb. Nr. 574/68 — S. 2755 A, DStZ/B 1968 S. 389
313 Gesetzliche Normierung der körperschaftsteuerlichen Organschaft durch Gesetz vom 15. 8. 1969, BGBl. I S. 1182, ab 1. 1. 1977: § 14 KStG 1977, Gesetz vom 31. 8. 1976, BGBl. I S. 2597
314 Zu § 7a KStG 1975 vgl. *Ranft*, aaO, S. 183 und *Jurkat*, aaO, S. 154 ff. Tz 230 ff.
315 Vgl. *BFH*, 26. 10. 1972, BStBl. 1973 II S. 383, BB 1973 S. 554
316 EFG 1971 S. 506
317 *BMWF-Schreiben* vom 30. 12. 1971 — F/IV B 5 — S 2755 — 42/71, BStBl. 1972 S. 2 ff.

57 E

des BFH auch nach der gesetzlichen Normierung der Organschaft anzuwenden sein.

Demgemäß fehle es bei der Aufspaltung eines Unternehmens in ein reines Besitzunternehmen und in eine Betriebsgesellschaft an der *wirtschaftlichen Eingliederung*. Ebenso argumentiert ein Erlaß der OFD Düsseldorf vom 28. 8. 1970[318].

Dagegen wird eine wirtschaftliche Eingliederung des Betriebsunternehmens in das Besitzunternehmen angenommen, wenn das Besitzunternehmen die Voraussetzungen einer geschäftsleitenden Holding erfüllt[319].

Das FG Rheinland-Pfalz hat in einem Urteil vom 19. 12. 1972[320] die *wirtschaftliche Eingliederung* der Betriebskapitalgesellschaft in das Besitzpersonenunternehmen bejaht und gleichzeitig Betriebsaufspaltung und Organschaft angenommen, nachdem die Besitzgesellschaft neben der Verpachtung eine eigene gewerbliche Tätigkeit ausübte[321] (ob dazu die Überlassung von Schutzrechten ausreicht, ist zweifelhaft[322]).

Die Frage, ob eine Betriebsaufspaltung auch dann vorliegt, wenn die Vermieter-Gesellschafter nicht unmittelbar, sondern über ein Organschaftsverhältnis an der Betriebs-GmbH beteiligt sind, ist m. W. höchstrichterlich noch nicht entschieden; m. E. sind auch hier die Grundsätze der Betriebsaufspaltung anzuwenden, da die Beherrschung auch durch eine mittelbare Beteiligung über weitere Personen- und Kapitalgesellschaften erfolgen kann[323].

Nach dem BFH-Urteil vom 21. 1. 1976[324] ist die wirtschaftliche Eingliederung weit zu fassen; schon ein Interessenausgleich genügt.

---

318 S 2755 A — 8113 H, WPg 1970 S. 574
319 *BFH*, 17. 12. 1969, BStBl. 1970 II S. 257, BB 1970 S. 608, zustimmend *Henninger*, Betriebsaufspaltung und Organschaft aaO und DB 1975 S. 210
320 EFG 1973 S. 195
321 Ebenso *BFH*, 18. 4. 1973, BStBl. 1973 II S. 740, BB 1973 S. 1159, FR 1973 S. 433; so auch *Lange*, Die Körperschaftsteuer-Gesamtdarstellung, NWB Fach 4 S. 778
322 Vgl. HFR 1974 2/53
323 Siehe *ohne Verfasser*, Organschaftsverhältnis..., aaO, S. 2107 mit weiteren Nachweisen
324 I R 21/74, BFHE 118 S. 169, BStBl. II S. 389, BB 1976 S. 681

Danach dürfte die BFH-Rechtsprechung zur Organschaft bei der Betriebsaufspaltung überholt sein[325].

Bejaht man die finanzielle und wirtschaftliche Eingliederung, so ist weiter zu prüfen, ob auch die organisatorische Eingliederung vorliegt: Durch die Betriebsaufspaltung ist eine Betriebs- oder Vertriebsgesellschaft nicht ein-, sondern ausgegliedert worden. Liegt ein Beherrschungsvertrag i. S. von § 291 Abs. 1 AktG vor, so wird die organisatorische Eingliederung kraft Gesetzes unterstellt (§ 14 Nr. 2 S. 2 KStG 1977); dasselbe gilt, wenn die Organgesellschaft eine nach den Vorschriften der §§ 319 — 327 AktG eingegliederte Gesellschaft ist.

Ebenso wie die Organschaft wurden bisher Gewinnpoolungsverträge zwischen Besitz- und Betriebsunternehmen von der Finanzverwaltung nicht anerkannt[326].

Möglich ist eine Organschaft bei »umgekehrter Betriebsaufspaltung«[327]. Nach dem Inkrafttreten des Körperschaftsteuergesetzes 1977[328] ab dem am 1. 1. 1977 beginnenden Veranlagungszeitraum[329] spielt die *körperschaftsteuerliche* Organschaft bei der Betriebsaufspaltung nicht mehr die Rolle wie früher, da grundsätzlich die Steuerbelastung bei der Besitzpersonengesellschaft und der Betriebskapitalgesellschaft im wesentlichen gleich ist[330]. Übriggeblieben ist als Vorteil der Organschaft der mögliche Verlustausgleich bei der Betriebskapitalgesellschaft, bei nicht voller Ausschüttung eine mögliche Rücklagenbildung und die Eliminierung der nichtabzugsfähigen Ausgaben (§ 10 KStG 1977). Von Bedeutung ist aber die g e w e r b e s t e u e r l i c h e Organschaft[331].

f) Organverhältnis zwischen Produktions- und Vertriebsgesellschaft?

Entstehen aus einer Betriebsaufspaltung eine Produktions- und eine Vertriebsgesellschaft, so kann das Produktionsunternehmen Organträger und die Vertriebskapitalgesellschaft Organgesellschaft sein:

---

325 So auch *Institut für Steuerrecht der Rechtsanwaltschaft* e. V., Die Stellung der Personengesellschaft und der Kapitalgesellschaft nach dem Körperschaftsteuergesetz 1977, S. 60 der Arbeitsunterlage der Aussprachetagung am 5. bis 7. 9. 1977 in Lübeck
326 Abschn. 137 Abs. 4 S. 2 EStR 1975
327 *Nds. FG*, 8. 7. 1975, VI Kö 11/73, EFG 1976 S. 146
328 Vom 31. 8. 1976, BGBl. I S. 2597
329 § 54 Abs. 1 KStG 1977
330 Siehe RdNr. A 28—31
331 Siehe RdNr. E 23

59 E

Die *wirtschaftliche Eingliederung* ist gegeben, da das Produktionsunternehmen (Einzelfirma, Personengesellschaft, Kapitalgesellschaft) selbst gewerblich tätig ist und die Vertriebskapitalgesellschaft durch den Verkauf der Waren des Produktionsunternehmens diesem dient[332].
Neben einem Ergebnisabführungsvertrag ist jährlich ein den Vorschriften des § 19 Abs. 3 KStG 1975 (ab 1. 1. 1977: § 27 Abs. 3 KStG 1977) entsprechender Gewinnverteilungsbeschluß zu fassen[333].

2. Gewerbesteuer

a) Pachtgegenstand und Pachtzinsen

59 Nach § 8 Nr. 7 GewStG werden dem Gewinn aus Gewerbebetrieb die Hälfte der Miet- und Pachtzinsen für die Benutzung der nicht im Grundbesitz bestehenden Wirtschaftsgüter des Anlagevermögens, die im Eigentum eines anderen stehen, hinzugerechnet.»Das gilt nicht, soweit die Miet- und Pachtzinsen beim Vermieter oder Verpächter zur Gewerbesteuer nach dem Gewerbeertrag heranzuziehen sind, es sei denn, daß ein Betrieb oder Teilbetrieb vermietet oder verpachtet wird und der Jahresbetrag der Miet- oder Pachtzinsen 250 000 DM übersteigt« (§ 8 Nr. 7 Satz 2 GewStG).

Bei der Aufspaltung ist deshalb der Pachtzins aufzuspalten: Bezahlter Pachtzins für Grundvermögen, bezahlter Pachtzins für das übrige Anlagevermögen, gegebenenfalls Umlaufvermögen. Pachtzinsen für immaterielle Wirtschaftsgüter wie Geschäftswert, Kunden usw. sind nur hinzuzurechnen, wenn sich die auf die immateriellen Wirtschaftsgüter entfallenden Pachtzinsen konkretisiert haben, sie also klar von der Raumpacht usw. abgrenzbar sind[334]. Diese Voraussetzung ist bei in Vomhundertsätzen des Umsatzes bemessenen Pachtzahlungen nach dem BFH-Urteil vom 30. 3. 1976[334] selbst dann nicht erfüllt, wenn im Falle eines Untermietverhältnisses die auf die Raumnutzung entfallende Miete vom Mieter in einem Festbetrag unmittelbar an den Eigentümer der Betriebs-

---
332 Vgl. hierzu *Schmidt/Steppert*, aaO, S. 75
333 *BFH*, 30. 1. 1974, BStBl. 1974 II S. 323, BB 1974 S. 496
334 *BFH*, 29. 4. 1970, BFHE 99 S. 485, BStBl. 1970 II S. 726, BB 1970 S. 1472; *BFH*, 14. 10. 1970, BStBl. 1971 II S. 28, BB 1971 S. 343; *FG Bremen*, 5. 10. 1972, EFG 1973 S. 34; *BFH*, 30. 3. 1976, BFHE 118 S. 470, BStBl. II S. 463, BB 1976, S. 783; *BFH*, 10. 5. 1977, BStBl. II S. 667, BB 1977 S. 1235

räume entrichtet wird und der auf das Inventar entfallende Mietzinsanteil auf einer nachträglichen Schätzung beruht.

Nach einem Urteil des BFH[335] sollen dann, wenn der Pächter verpflichtet ist, den gepachteten Gegenstand laufend instandzuhalten und zu versichern, die Instandhaltungs- und Versicherungskosten zu den Miet- und Pachtzinsen i. S. des § 8 Nr. 7 GewStG gehören. Diese Auffassung, die der BFH damit begründet, daß der Begriff der Miet- und Pachtzinsen i. S. von § 8 Nr. 7 GewStG w i r t s c h a f t l i c h zu verstehen ist, ist m. E. nicht haltbar: Gem. § 586 BGB hat der Pächter das Inventar in Ordnung zu halten und zu ergänzen; der Pächter trägt die Gefahr des zufälligen Untergangs und der Verschlechterung. Eine vertragliche Bestimmung, daß der Pächter die Instandsetzungs- und Versicherungskosten zu tragen hat, gibt also nur die gesetzliche Regelung wider. Damit können diese Kosten auch bei vertraglicher Vereinbarung nicht gem. § 8 Nr. 7 GewStG dem Gewerbeertrag hinzugerechnet werden, wenn andererseits der BFH die Auffassung vertritt, beim Fehlen einer vertraglichen Vereinbarung gebe es auch keine Hinzurechnung.

Übernimmt die Betriebsgesellschaft Versorgungsverpflichtungen gegenüber ehemaligen Arbeitnehmern der verbleibenden Besitzgesellschaft, so unterliegen diese Verpflichtungen der Hinzurechnungspflicht gemäß § 8 Nr. 2 GewStG bzw. § 12 Abs. 2 Nr. 1 GewStG, soweit die Rentenzahlungen den Gewerbeertrag bzw. die Rückstellungen den maßgebenden Einheitswert gemindert haben. Eine Hinzurechnungspflicht besteht nur dann nicht, wenn zwar Versorgungsanwartschaften von der Betriebsgesellschaft übernommen werden, die berechtigten Arbeitnehmer aber bei der Betriebsgesellschaft aktiv tätig werden[336]. 60

b) Dauerschulden und Dauerschuldzinsen

Besitz- und Betriebsunternehmen sind zwei rechtlich selbständige Unternehmen. Deshalb sind grundsätzlich auch die zwischen ihnen bestehenden Schuldverhältnisse steuerlich zu beachten. Dadurch können sich Auswirkungen für die Zurechnung von Zinsen aus Dauerschuldverhältnissen zum Gewerbeertrag (§ 8 Nr. 1 GewStG) und für die Zurechnung von Dauerschulden zum Gewerbekapital ergeben (§ 12 Abs. 2 Nr. 1 GewStG). 61

---

335 Vom 27. 11. 1975, BFHE 117 S. 474, BStBl. 1976 II S. 220, BB 1976 S. 262
336 *Hessisches FG*, 19. 5. 1967, EFG 1967 S. 473

Hinzurechnungen werden sich regelmäßig nur bei der *Betriebskapitalgesellschaft* ergeben.

Das Urteil des BFH vom 5. 10. 1972[337] zeigt aber, daß Dauerschuldzinsen auch bei der Besitzgesellschaft in bestimmten Fällen anzusetzen sind: Die Verpächterin hatte von der Pächterin ein Darlehen erhalten, wobei keine Verzinsung vereinbart war, aber der Pachtzins in dem Maße steigen sollte, in dem das Darlehen zurückgezahlt wurde. Der BFH sieht in dem Betrag, um den der Pachtzins wegen der Kreditgewährung gemindert ist, Dauerschuldzinsen.

Bei der Betriebsgesellschaft ist zu beachten, daß nach dem BFH[338] entgegen der Verwaltungsauffassung[339] eine Schuld, die wirtschaftlich mit der Gründung eines Betriebes zusammenhängt, ohne Rücksicht auf die Laufzeit eine Dauerschuld ist.

62 Warenlagerdarlehen können bei der Betriebsgesellschaft Dauerschulden sein[340]. Bei der Hingabe von Waren, Roh- und Hilfsstoffen im Rahmen einer Verpachtung des Unternehmens handelt es sich in der Regel nicht um ein Miet- oder Pachtverhältnis, auch wenn der Vertrag über die Verpachtung des Unternehmens als einheitlicher Vertrag geschlossen wird. Die Hingabe dieser Güter mit der Verpflichtung, bei Pachtende einen dem übernommenen Bestand entsprechenden Warenbestand zurückzugeben, ist ein Darlehensvertrag (§ 607 BGB).

Damit erhält die Betriebsgesellschaft die Verfügungsbefugnis; sie aktiviert als wirtschaftliche Eigentümerin die überlassenen Wirtschaftsgüter und passiviert gleichzeitig die Warenschuld. Sind die Wirtschaftsgüter in die Verfügungsbefugnis der Pächterin übergegangen, so handelt es sich um eine Schuld, die nicht nur der vorübergehenden Stärkung des Betriebskapitals dient. Die Zinsen und der Wert der Rückgabeverpflichtung sind deshalb dem Gewinn bzw. dem Einheitswert des Betriebsvermögens hinzuzurechnen.

Vermieden werden kann die Hinzurechnung, wenn anstelle eines Darlehens eine stille Beteiligung eingeräumt wird.

63 Dagegen ist keine Dauerschuld i. S. des § 12 Abs. 2 Nr. 1 GewStG in Verbindung mit § 8 Nr. 1 GewStG eine Rückstellung der Betriebs-GmbH, die wegen der Verpflichtung gebildet wurde, das übernommene Anlagevermögen in ordnungsgemäßem Zustand zu

---

337 *BFH*, 5. 10. 1972, FR 1973 S. 28
338 *BFH*, 30. 6. 1971, BStBl. 1971 II S. 750, BB 1971 S. 1499
339 Abschn. 47 Abs. 1 GewStR 1974
340 *BFH*, 30. 11. 1965, BStBl. 1966 III S. 51, BB 1966 S. 115

erhalten, ausgeschiedene Wirtschaftsgüter zu ersetzen und bei Beendigung des Pachtverhältnisses einen technischen fortentwickelten Betrieb zurückzugeben[341].

3. Umsatzsteuer

Regelmäßig wird zwischen Besitz- und Betriebsgesellschaft Organschaft vorliegen. Dann sind zwischen beiden Gesellschaften Lieferungen und Leistungen i. S. des Umsatzsteuergesetzes nicht möglich; es handelt sich um innerbetriebliche Vorgänge. Auch Eigenverbrauch (§ 1 Abs. 1 Nr. 2 UStG) kann nicht vorliegen, weil die Entnahme aus der einen in die andere Gesellschaft nicht für Zwecke außerhalb des Unternehmens geschieht.

64

Besondere umsatzsteuerliche Probleme[342] ergeben sich deshalb nur, wenn ausnahmsweise weder Organschaft noch Unternehmereinheit vorliegen.

a) Kein Leistungsaustausch bei Ersatzbeschaffungen

Trifft die Betriebs-GmbH als Pächterin eine Substanzerhaltungs- und -erneuerungsverpflichtung, so kann m. E. hierin kein Leistungsaustausch gesehen werden[343].

65

b) Vorsteuerabzug durch die Betriebsgesellschaft für Ersatzbeschaffungen

Erwirbt die Pächterin im eigenen Namen Ersatz-Wirtschaftsgüter und besteht keine Organschaft, so kann sie die angefallene Vorsteuer geltend machen[344].

66

Soweit bis 31. 12. 1972 Investitionssteuer zu entrichten war, so traf diese Verpflichtung denjenigen, der entsprechend den einkommensteuerlichen Vorschriften das Ersatzwirtschaftsgut aktivierte; in der Regel war dies die Verpächterin.

---

341 *BFH*, 11. 11. 1964, BStBl. 1964 III S. 53, BB 1966 S. 114
342 Zur umsatzsteuerlichen Behandlung von Unternehmensaufspaltungen bei Kleinunternehmen (§ 19 UStG) vgl. *FG Bremen*, 11. 7. 1970, EFG 1971 S. 46 und Erlaß NRW vom 11. 11. 1971 — S. 7104—5—V C4, WPg 1972 S. 50
343 Ebenso *Neitzel*, aaO, S. 194 zur alten USt und *Felix*, Besteuerung..., aaO, S. 21 Randnr. 133 zur neuen USt
344 *Felix*, Besteuerung..., aaO, S. 21 Randnr. 134

*c) Umsatzsteuerpflicht von Tätigkeitsvergütungen
für Personalaufwendungen?*

67 Liegt keine Organschaft vor, dann sind gezahlte Entgelte zwischen Besitz- und Betriebsgesellschaft steuerbar. Regelmäßig wird die Besitzgesellschaft der Betriebsgesellschaft erbrachte Lieferungen und Leistungen (Zins- und Abschreibungsvergütungen, Übernahme von Steuern, Abgaben und Versicherungen, überlassene Waren usw.) einschließlich Umsatzsteuer in Rechnung stellen.

Die Betriebsgesellschaft kann ebenfalls Leistungen für die Besitzgesellschaft erbringen. Zu denken ist insbesondere an die Zur-Verfügungstellung von Personal. Stellt ein solcher Arbeitsaufwand der Betriebs-GmbH für das Besitzunternehmen eine umsatzsteuerpflichtige Leistung dar?

Der RFH[345] hat die Umsatzsteuerpflicht in einem Fall bejaht, in dem ein Unternehmer einem anderen Unternehmer Arbeitnehmer gegen Erstattung der Löhne plus Zuschlag für betriebliche Unkosten zur Verfügung stellte.

Böttcher[346] weist auf ein nicht veröffentlichtes BFH-Urteil vom 16. 1. 1963 hin, in dem Angestellte einer Betriebs-GmbH auch für die Besitzgesellschaft tätig waren. Der BFH hatte damals die Möglichkeit eines Leistungsaustausches bejaht, aber ein ausdrückliches Leistungsentgelt gefordert. Ist ein Leistungsentgelt vereinbart, ist das Entgelt aber so niedrig, daß ertragsteuerlich eine verdeckte Gewinnausschüttung angenommen werden muß, so kann auch in Höhe der verdeckten Gewinnausschüttung ein steuerpflichtiges Entgelt vorliegen[347].

4. Einheitsbewertung und Vermögensteuer

*a) Die Betriebsgesellschaft als selbständiges
Vermögensteuersubjekt*

68 Auch für die Betriebsgesellschaft ist ein eigener Einheitswert festzustellen. Dabei ist aber zu beachten, daß das Pachtanlagevermögen regelmäßig bei der Besitzgesellschaft als bürgerlich-rechtliche und auch wirtschaftliche Eigentümerin in Ansatz kommt, während die

---

345 24. 1. 1941, RStBl. 1941 S. 133
346 StbJb 1953/54 S. 239; so auch *FG Rheinland-Pfalz*, 5. 3. 1974, UStR 1974 S. 143
347 *Felix*, Besteuerung..., S. 22 Randnr. 143; aA wohl *Böttcher*, StbJb 1953/54 S. 249

Betriebsgesellschaft ihre Ersatzbeschaffungsverpflichtungen unter Umständen als Schulden in der Vermögensaufstellung ansetzen kann: Trifft die Betriebs-GmbH als Pächterin die Verpflichtung, unbrauchbar werdende Pachtanlagegüter zu ersetzen, so kann sie insoweit eine Schuld in der Vermögensaufstellung ansetzen, als die bereits unbrauchbar gewordenen Anlagegüter zum Abschlußzeitpunkt noch nicht ersetzt waren. Dagegen darf eine Rückstellung, soweit sie auf gepachtetes Anlagevermögen fällt, das zum Abschlußzeitpunkt noch brauchbar und einsatzfähig war, nicht als Schuld abgezogen werden. Da die Verpflichtung der Pächterin erst in dem Zeitpunkt entsteht, in dem das einzelne Wirtschaftsgut unbrauchbar wird, liegt nur die aufschiebend bedingte Schuld vor, die gemäß §§ 6 und 8 BewG nicht abzugsfähig ist[348].

69 Etwas anderes gilt, wenn der Pacht- und Betriebsüberlassungsvertrag bestimmt, daß das Anlagevermögen jederzeit in dem Zustand wie bei Übergabe zu erhalten ist. Dann besteht zu jedem Zeitpunkt eine unbedingte, abzugsfähige Schuld.

70 Wird bei der Betriebsaufspaltung das vorhandene Warenlager auf die neue Betriebs-GmbH mit der Abrede übertragen, daß es bei Beendigung des Pacht- und Betriebsüberlassungsvertrages in gleicher Größe, Menge und Güte an das Besitzunternehmen zurückzugeben ist, so ist die Verpflichtung der Betriebsgesellschaft eine *Darlehensschuld*. Diese Darlehensschuld ist nach einem Urteil des BFH vom 10. 3. 1972[349], das ein früheres BFH-Urteil ausdrücklich aufhebt[350], bei der Feststellung des Einheitswertes der Betriebsgesellschaft als Schuld abzuziehen.

b) Darlehen der Besitzgesellschaft als verdecktes Stammkapital?

71 In Fußnote 300 wurde darauf hingewiesen, daß das verdeckte Stammkapital bei der Körperschaftsteuer kaum noch eine Rolle spielt. Anderes gilt bei der Gesellschaftsteuer bis zum 1. 1. 1973. Probleme traten in der Vergangenheit auch bei der Einheitsbewertung auf:

72 In seinem Urteil vom 15. 7. 1969[350] hatte der III. Senat des BFH Gesellschafter-Darlehen bei der Betriebsaufspaltung als verdecktes

---
348 Zur Behandlung von aufschiebend und auflösend bedingten Betriebsschulden in der Vermögensaufstellung vgl. Abschn. 29 VStR 1977
349 BStBl. 1972 II S. 518, BB 1972 S. 699
350 *BFH*, 15. 7. 1960, BStBl. 1960 III S. 400, BB 1960 S. 1089

Stammkapital angesehen, wenn ein Dritter das erforderliche Kapital als Darlehen zu gleichen Bedingungen nicht gewährt hätte. Damit wich der III. Senat bewußt vom I. Senat ab, der ertragsteuerlich derartige Gesellschafterdarlehen grundsätzlich anerkannt hat[351].

73 Nunmehr hat der III. Senat aber seine Auffassung korrigiert[352]. Im Rahmen einer Betriebsaufspaltung (OHG als Besitzfirma, GmbH als Vertriebsfirma mit gleichen Gesellschaftern und gleichen Beteiligungsverhältnissen) hatte die GmbH den Geschäftsbetrieb mit allen dafür erforderlichen Vermögenswerten übernommen. Sie hatte sich verpflichtet, bei Auflösung des Pachtverhältnisses eine gleich große und gleich gute Menge Vorräte an die OHG zurückzugeben. Diese Rückgabeverpflichtung wurde ertragsteuerlich als Betriebsschuld, bei der Einheitsbewertung des Betriebsvermögens vom Finanzamt jedoch als verdecktes Stammkapital behandelt. Der BFH erkannte die Rückgabeverpflichtung als Darlehensverbindlichkeit an und hat dabei darauf hingewiesen, daß das Steuerrecht grundsätzlich die nach bürgerlichem Recht zulässigen Gestaltungsmöglichkeiten anerkennen müsse, es sei denn, es liege ausnahmsweise eine ungewöhnliche Vertragsgestaltung vor, die als Gestaltungsmißbrauch i. S. des § 42 AO 1977 (bis 31. 12. 1976: § 6 StAnpG) angesehen werden muß.

Ist die Betriebs-GmbH notleidend geworden, kann sie deshalb bei Fälligkeit die Pacht nicht oder nicht voll bezahlen, so liegt hierin noch keine verdeckte Einlage. Vielmehr ist eine Wertberichtigung der Pachtforderung beim Besitzunternehmen möglich[353].

5. Gesellschaftsteuer

74 Bisher war die Gesellschaftsteuer nicht nur beim Aufspaltungsvorgang selbst, sondern auch bei der laufenden Besteuerung der Doppelgesellschaft aktuell. Es ging dabei um die Frage, ob und inwieweit Sach- oder Geldwertdarlehen verdecktes Stammkapital sind oder nicht. Regelmäßig war die Betriebs-GmbH mit einem zu geringen Eigenkapital ausgestattet, so daß ihr die erforderlichen

---

351 Vgl. *BFH*, 13. 1. 1959, BStBl. 1959 III S. 197, BB 1959 S. 590 mit Anm.*Grieger;* *BFH*, 18. 3. 1966, BStBl. 1966 III S. 197 (atypische stille Beteiligung als verdecktes Stammkapital), BB 1966 S. 689 und 808
352 *BFH*, 10. 3. 1972, BStBl. 1972 III S. 518, BB 1972 S. 699
353 So auch *Schaaf*, Bewertung . . ., aaO

Betriebsmittel auf dem Darlehensweg zugeführt werden mußten. Das löste den gesellschaftsteuerpflichtigen Tatbestand des § 3 KVStG a. F. aus[354].
Durch Gesetz vom 23. 12. 1971[355] wurde aber § 3 KVStG mit Wirkung vom 1. 1. 1972 gestrichen, so daß zukünftig bei der laufenden Besteuerung der Doppelgesellschaft keine Gesellschaftsteuer mehr anfallen kann.

Gesellschaftsteuer fällt aber an, wenn die Gesellschafter der Betriebskapitalgesellschaft freiwillige Leistungen erbringen, z. B. Zuschüsse leisten, auf Forderungen verzichten usw. (§ 2 Abs. 2 Nr. 4 KVStG).

---

354 Vgl. *Brönner,* Die Besteuerung..., aaO, S. 552
355 BGBl. I S. 2134

F. Steuerliche Förderungsmaßnahmen und Vergünstigungen

I. ZONENRANDFÖRDERUNG

Nach § 3 Abs. 1 ZRFG können bei Steuerpflichtigen, die in einer gewerblichen Betriebstätte im Zonenrandgebiet Investitionen vornehmen, auf Antrag Sonderabschreibungen und steuerfreie Rücklagen zugelassen werden. Die Vergünstigung wird rückgängig gemacht, wenn innerhalb von drei Jahren die Anlagegüter wieder veräußert oder verpachtet werden.

Nach Abschn. I Abs. 6 des BMWF-Schreibens vom 18. 8. 1971[356] ist bei einer Betriebsaufspaltung auch innerhalb der Dreijahresfrist steuerlich nichts zu veranlassen, wenn das Besitzunternehmen weiterhin gewerbesteuerpflichtig ist. Hinsichtlich betriebsaufspaltungsähnlicher Organschaftsfälle vgl. Ausführungen von Winter[357].

Soweit ein Gebäude teilweise betrieblich, teilweise privat genützt wird, ist nach dem Beschluß des Großen Senats des BFH vom 26. 11. 1973[358] davon auszugehen, daß jeder dieser Gebäudeteile ein selbständiges unbewegliches Wirtschaftsgut darstellt. Deshalb ist für den betrieblich genutzten Gebäudeteil die Vergünstigung nach § 3 ZRFG zu gewähren[359]. Daran ändert auch eine später erfolgte Betriebsaufspaltung nichts.

II. INVESTITIONSZULAGEN

Für die Investitionszulagen gelten ähnliche Grundsätze. Nach Abschn. 5 Abs. 1 S. 2 des BdF-Schreibens vom 12. 2. 1970[360] kann das Besitzunternehmen die Investitionszulage auch für Wirtschaftsgüter

---
356 BStBl. 1971 I S. 386
357 AaO, S. 264
358 BFHE 111 S. 242, BStBl. 1974 II S. 132, BB 1974 S. 304
359 BdF-Erlaß vom 4. 11. 1974, BStBl. 1974 I S. 938
360 BStBl. 1970 I S. 226

2 F

beanspruchen, die es im Zusammenhang mit der Errichtung, Erweiterung, Umstellung oder grundlegenden Rationalisierung einer Betriebstätte des Betriebsunternehmens angeschafft oder hergestellt und an das Betriebsunternehmen verpachtet hat[361].
In einem Schreiben vom 12. 4. 1976[362] hat der BdF speziell zur Anwendung des Investitionszulagengesetzes bei Betriebsspaltungen nochmals Stellung genommen und vertritt die Auffassung, der Hinweis auf Abschn. 15 Abs. 5 GewStR im BdF-Schreiben vom 12. 2. 1970 bedeute, daß »eine Betriebsaufspaltung in diesem Sinne nur zwischen einem Einzelunternehmen bzw. einer Personengesellschaft und einer Kapitalgesellschaft bestehen kann«. Die Regelung könne aber nicht angewandt werden, wenn Besitz- und Betriebsunternehmen Kapitalgesellschaften seien.

Dieser Auffassung kann nicht gefolgt werden:

Der BFH hat mehrfach anerkannt, daß Besitz- und Betriebsunternehmen nicht an eine besondere Rechtsform gebunden sind[363]. Durch die engen persönlichen und sachlichen Verbindungen bei der Betriebsaufspaltung ist diese anders zu behandeln als normale Pachtverhältnisse[364].

Trotz zweier rechtlich selbständiger Gesellschaften bejaht der BFH wegen dieser besonderen Verflechtungen die Gewerbesteuerpflicht der Pachtzinsen.

Darüber hinaus hat der BFH die Zurückforderung der Investitionszulage auch dann abgelehnt, wenn begünstigte Wirtschaftsgüter innerhalb des Dreijahreszeitraumes aus der Betriebsstätte des Steuerpflichtigen entfernt[365] oder während des Zeitraumes an einen Dritten verpachtet wurden[366].

Das gilt auch für die umgekehrte Betriebsaufspaltung: Wurde von einer Personengesellschaft z. B. in einem förderungswürdigen Ge-

---

361 Die Frage, ob diese für den Fall der Betriebsaufspaltung getroffene Ausnahmeregelung bei Organschaften i. S. des § 7a KStG 1975 (ab 1. 1. 1977: §§ 14 ff. KStG 1977) entsprechend angewandt werden kann, ist nach einem Erlaß des Finanzministers Niedersachsens vom 27. 4. 1970, DB 1970 S. 1052 von Fall zu Fall zu entscheiden; vgl. auch Richter, Investitionszulagen..., aaO, S. 191
362 IV B2 — S 1988 — 93/76, BB 1976 S. 500, DB 1976 S. 795
363 *BFH*, 29. 7. 1976, BStBl. II S. 750, BB 1976 S. 1262
364 Das *FG Nürnberg*, Urt. vom 17. 7. 1974, EFG 1974 S. 584 verneint den Anspruch auf eine Investitionszulage durch den Verpächter bei verpachtetem Gewerbebetrieb
365 *BFH*, 5. 11. 1976, BStBl. 1977 II S. 363, BB 1977 S. 433
366 *BFH*, 6. 5. 1977, BStBl. II S. 592, BB 1977 S. 1084; vgl. auch *BFH*, 18. 2. 1975, BFHE 115 S. 399, BStBl. II S. 517, BB 1975 S. 781

biet zunächst eine Betriebstätte betrieben, und wird diese Betriebstätte nach Gewährung der Investitionszulage dann von der Personengesellschaft abgespalten und als eigene Firma (Personen- oder Kapitalgesellschaft) selbständig weiterbetrieben, dann ist die Investitionszulage nicht zurückzugewähren, wenn die übrigen Voraussetzungen der Betriebsaufspaltung vorliegen.

Durch die Neueinführung des § 4 b InvZulG[367] sind für die Betriebsaufspaltung keine besonderen Probleme entstanden: Bei § 4 b InvZulG ist es nicht erforderlich, daß das Wirtschaftsgut während eines bestimmten Zeitraumes in einem Betrieb verbleiben muß.

Nach Breitenbach[368] sollen Investitionszulagen nach § 4b auch vermögensverwaltenden Kapital- und Personengesellschaften gewährt werden können.

III. DIE ÜBERTRAGUNG STILLER RESERVEN NACH § 6 B ESTG

§ 6b EStG begünstigt Gewinne, die bei der Veräußerung bestimmter Anlagegüter entstehen. Die Gewährung der Steuervergünstigung ist u. a. davon abhängig, daß die veräußerten Wirtschaftsgüter im Veräußerungszeitpunkt mindestens sechs Jahre ununterbrochen zum inländischen Anlagevermögen gehört haben.

Wie sind diese sechs Jahre zu berechnen, wenn anläßlich einer Betriebsaufspaltung die Besitzgesellschaft Anlagegüter an die Betriebsgesellschaft nicht verpachtet, sondern gegen Gewährung von Gesellschaftsrechten überträgt?

Auf Grund wirtschaftlicher Betrachtungsweise könnte man dazu kommen, die aus der Betriebsaufspaltung hervorgegangene Doppelgesellschaft als einheitliches Unternehmen zu betrachten mit der Folge, die Besitzzeiten der Besitz- und der Betriebskapitalgesellschaft zusammenzurechnen[369].

367 Vgl. Gesetz zur Änderung des InvZulG vom 30. 12. 1974, BStBl. 1975 I S. 53 und Art. 3 des Gesetzes zur Änderung des Einkommensteuergesetzes und des Investitionszulagengesetzes, vom 21. 2. 1975, BStBl. 1975 I S. 202. Das Investitionszulagengesetz wurde mehrfach geändert, zuletzt durch das Gesetz vom 14. 12. 1976, BGBl. I S. 3341; sowie das BdF-Schreiben vom 26. 2. 1975, BStBl. 1975 I S. 213, BB 1975 S. 267
368 AaO, S. 862
369 So DB 1968 S. 910

5 Richter/Winter[370] wollen auf den Bilanzansatz abstellen, mit dem die Anlagegüter bei der Betriebsgesellschaft eingebucht werden: Führt die Betriebskapitalgesellschaft die übertragenen Anlagegüter mit den Buchwerten fort, so soll die Besitzzeit des Besitzunternehmens bei der Sechsjahresfrist mitgezählt werden. Bucht die Betriebsgesellschaft die übernommenen Anlagewerte mit einem über dem Buchwert liegenden Betrag ein, so soll es sich um ein Anschaffungsgeschäft handeln, bei dem die Besitzzeit für die Betriebsgesellschaft neu zu laufen beginnt.

6 Damit ist für die Zusammenrechnung der Besitzzeiten kein Raum. Ein besonderer Nachteil wird dadurch nicht entstehen, da das Anlagevermögen meistens nicht auf die Betriebsgesellschaft übertragen, sondern nur verpachtet wird. Bei Verpachtung bilanziert aber die Verpächterin das Anlagevermögen selbst.

---

370 AaO, S. 112 Randnr. 247

G. Auflösung der Doppelgesellschaft

Im Zuge der Neuordnung der Verhältnisse einer Firma oder einer Firmengruppe kann sich die Notwendigkeit ergeben, eine Betriebsaufspaltung rückgängig zu machen. Die Entscheidung, ob es aus steuerlichen oder sonstigen Gründen ratsam ist, die Doppelgesellschaft aufzulösen, ist ebenso wie bei der Aufspaltung immer nach den Verhältnissen des Einzelfalles zu treffen.

Ausgangspunkt für die Rückübertragung der Vermögenswerte auf die Besitzgesellschaft sind die einschlägigen Bestimmungen des Pacht- und Betriebsüberlassungsvertrages.

Außer den nachfolgend behandelten Möglichkeiten der Auflösung der Doppelgesellschaft endet die Betriebsaufspaltung auch dann, wenn die wirtschaftliche Verklammerung, die persönlichen und sachlichen Voraussetzungen wegfallen[371].

Kann infolge Wegfalls einer dieser Voraussetzungen ein Besitzpersonenunternehmen nicht mehr angenommen werden, dann tritt nicht automatisch eine Überführung der verpachteten Gegenstände in das Privatvermögen mit Aufdeckung der stillen Reserven ein. Vielmehr sind die Grundsätze über die Betriebsverpachtung anzuwenden[372]. Dabei spielt es m. E. keine Rolle, welche der persönlichen oder sachlichen Voraussetzungen wegfallen.

Fällt z. B. eine persönliche Voraussetzung weg, weil Zwillinge, die mit je 30 % neben dem Vater mit 40 % an der Besitzgesellschaft beteiligt waren, volljährig wurden, dann müssen ebenfalls keine stillen Reserven aufgedeckt werden, sondern auch hier sind die Grundsätze über die Betriebspacht heranzuziehen.

Dieses Ergebnis entspricht der BFH-Rechtsprechung bei steuerbegünstigter Umwandlung einer vermögensverwaltenden Kapital-

---

371 Siehe dazu *Seithel*, Ertragsteuerliche Probleme..., aaO, S. 260 und die Ausführungen über die persönlichen und sachlichen Voraussetzungen der Betriebsaufspaltung sowie *Bise*, Zur Betriebsaufspaltung..., aaO, S. 216; *ohne Verfasser*, Zur Beendigung..., aaO, DB 1975 S. 2013; *Felix*, Besteuerung..., aaO, S. 29; *Sauer*, Betriebsaufspaltung..., aaO, S. 127
372 Vgl. den gleichlautenden Ländererlaß über die ertragsteuerliche und gewerbesteuerliche Behandlung von Betriebsverpachtungen (Verpachtungserlaß) vom 28. 12. 1964, BStBl. 1965 II S. 5—7 sowie die Ausführungen unter RdNr. E 8

gesellschaft in eine Personengesellschaft, die keine eigene gewerbliche Tätigkeit mehr ausübt[373].

I. UMWANDLUNG ODER AUFLÖSUNG DER BETRIEBSKAPITALGESELLSCHAFT

3 Eine *Umwandlung* der Betriebskapitalgesellschaft auf das Besitzunternehmen ist handelsrechtlich nach den Vorschriften des Umwandlungsgesetzes vom 6. 11. 1969 (UmwG)[374] möglich (verschmelzende Umwandlung).

Voraussetzung ist jedoch (§ 15 Abs. 1 UmwG), daß die Besitzgesellschaft selbst Alleingesellschafterin oder Hauptgesellschafterin mit einer Beteiligung von mehr als 90 % ist.

4 Ist die Besitzgesellschaft nicht unmittelbar selbst an der Betriebsgesellschaft beteiligt, sondern werden die Anteile von den Gesellschaftern der Besitzgesellschaft gehalten, so müssen die Anteile vor der Umwandlung in die Besitzgesellschaft eingebracht werden. Eine weitere Möglichkeit ist die Umwandlung auf eine gleichzeitig errichtete neue Personengesellschaft (errichtende Umwandlung, § 16 UmwG)[375].

5 Bei der Umwandlung der Betriebskapitalgesellschaft auf die Besitzpersonengesellschaft ist der Übertragungsgewinn nach § 4 UmwStG[376] n i c h t k ö r p e r s c h a f t s t e u e r p f l i c h t i g[377]. Der Übernahmegewinn ist den Gesellschaftern der Personengesellschaft zuzurechnen und von diesen zu versteuern (§ 5 UmwStG), wobei die auf den

---

373 *BFH*, 25. 5. 1977, I R 93/75, BStBl. II S. 660, BB 1977 S. 1232
374 BGBl. I S. 2081
375 Zur Frage der Umwandlung auf eine Personengesellschaft, bei der selbst wieder eine Kapitalgesellschaft beteiligt ist (GmbH und Co KG), vgl. *Seithel*, Ertragsteuerliche ..., aaO, S. 257; davon zu unterscheiden ist die Einbringung beider Gesellschaften in eine neu gegründete GmbH und Co KG, *Seithel*, aaO, S. 258
376 Vom 6. 9. 1976, BGBl. I S. 2641
377 Nach dem UmwStG vom 14. 8. 1969, BGBl. I S. 1163 unterlag der Übernahmegewinn nach § 8 der Einkommen- oder Körperschaftsteuer; ausnahmsweise ist der Übernahmegewinn auch nach dem UmwStG 1977 körperschaftsteuerpflichtig, nämlich dann, wenn der Übernahmegewinn bei dem Empfänger nicht der ESt oder KSt unterliegt (§ 13), z. B. bei beschränkt StPfl. (§§ 50 Abs. 3 EStG, § 51 KStG 1977)

Übernahmegewinn entfallende Einkommensteuer auf Antrag bis zu 10 Jahre gestundet werden kann (§ 7 UmwStG); Stundungszinsen werden nicht erhoben[378]. Da stille Reserven aufzudecken sind, das Wahlrecht des § 4 UmwStG 1969 also entfallen ist, die übernehmende Besitzpersonengesellschaft die Werte in ihre Steuerbilanz übernehmen muß (§ 5 Abs. 1 UmwStG-Buchwertverknüpfung), können dort Steuerzahlungen anfallen, wo erhebliche stille Reserven vorhanden waren[379].

Für nicht wesentlich Beteiligte (§ 17 EStG), die ihren Anteil im Privatvermögen halten, ist § 9 UmStG 1977 zu beachten. Bei ihnen fällt kein Übernahmegewinn an.

Bei den nicht wesentlich Beteiligten wird das auf seine Beteiligung entfallende verwendbare Eigenkapital zuzüglich[380] der anrechenbaren KSt (§ 12 UmwStG, § 30 Abs. 1 Nr. 1, 2 KStG 1977) außerhalb der Gewinnermittlung der übernehmenden Besitzpersonengesellschaft als Einkünfte aus Kapitalvermögen zugerechnet. Auf die hieraus entstehende ESt ist die KSt anzurechnen (§ 12 UmwStG 1977). Ist keine anrechenbare KSt vorhanden oder ist sie geringer als die entstandene ESt, so führt die Umwandlung bei der nicht wesentlich Beteiligten zu einer echten Steuerbelastung, ohne daß nach dem Gesetzeswortlaut eine Stundung nach § 7 UmwStG 1977 möglich wäre[381].

Der Übernahmegewinn ist grundsätzlich g e w e r b e s t e u e r pflichtig, wobei er bei der Ermittlung des Gewerbeertrages gem. § 18 Abs. 2 S. 2 UmStG nur mit einem Drittel anzusetzen ist. Außerdem kann auf Antrag und gegen Sicherheitsleistung die Gewerbesteuer, die sich aus dem Übernahmegewinn ergibt, bis zu 10 Jahren gestundet werden (§ 18 Abs. 4 UmwStG), wobei auch hier keine Stundungszinsen erhoben werden.

Wodurch können Übernahmegewinne entstehen?

Übernahmegewinne können entstehen, wenn im Eigentum der Betriebsgesellschaft stehendes Anlage- und/oder Umlaufvermögen in die Besitzgesellschaft eingebracht wird (Aufdeckung der stillen Reserven gem. § 3 UmwStG 1977).

---

378 Eine Stundung der Kirchensteuer sieht das Gesetz nicht vor
379 Vgl. auch *Müller,* aaO, S. 454
380 Ausnahme: § 30 Abs. 2 Nr. 4 KStG 1977 (Einlagen nach neuem Recht)
381 Vgl. hierzu *Heinemann* bei *Felix,* Körperschaftsteuerreform..., aaO, S. 106 Tz 578 und *Loos,* Umwandlung..., aaO, S. 140

7 Sind den Gesellschafter-Geschäftsführern Pensionszusagen gegeben worden, so gehen diese Verpflichtungen auf die Besitzgesellschaft als Gesamtrechtsnachfolgerin über.

Die Besitzpersonengesellschaft muß die gebildeten P e n s i o n s r ü c k s t e l l u n g e n weiterführen: Die Persionsverpflichtungen sind weder aus handelsrechtlichen noch aus steuerrechtlichen Gründen aufzulösen[382].

Handelsrechtlich hat die Umwandlung nicht zum Erlöschen der von der Betriebskapitalgesellschaft gegenüber ihrem Gesellschafter-Geschäftsführer eingegangenen Pensionsverpflichtung geführt, sondern mit der Eintragung der Umwandlung der Betriebskapitalgesellschaft sind die Verpflichtungen auf die Besitzpersonengesellschaft übergegangen (§§ 5, 20, 24 UmwG). Die Besitzpersonengesellschaft (OHG, KG, BGB-Gesellschaft) ist eine Gesamthandsgemeinschaft mit eigener Rechtszuständigkeit.

Steuerrechtlich ist der I. Senat des BFH mit seiner Entscheidung vom 22. 6. 1977[382] von früheren Urteilen[383] abgewichen:

Das Versorgungsversprechen hat der Gesellschafter als Geschäftsführer der Betriebskapitalgesellschaft erhalten, so daß der Zusammenhang mit den Einkünften des Gesellschafters i. S. des § 15 Abs. 1 Nr. 2 EStG fehlt, der beim Gesellschafter einer Personengesellschaft Pensionsrückstellungen ausschließt[384].

8 Nach der Entscheidung des BFH vom 22. 6. 1977[382] m u ß die Pensionsrückstellung bei der Besitzpersonengesellschaft weitergeführt werden: Ein Wahlrecht der Besitzpersonengesellschaft auf Auflösung oder Fortführung besteht nicht, wobei der BFH offenläßt, ob ein Wahlrecht bei Bildung der Pensionsrückstellung bei der Betriebskapitalgesellschaft bestand oder nicht[385].

9 Besteht für die Pensionszusage eine Rückdeckungsversicherung, so liegt m. E. keine Entnahme des Deckungskapitals vor, da die zivilrechtlichen Ansprüche des Gesellschafters durch die steuerliche Behandlung nicht berührt werden[386].

---
382 *BFH*, 22. 6. 1977, BStBl. II S. 798, BB 1977 S. 1488 mit Anm. Woerner, FR 1977 S. 529
383 *BFH*, 9. 10. 1964, BFHE 81 S. 547, BStBl. 1965 III S. 198; *BFH*, 16. 2. 1967, BFHE 87 S. 531, BStBl. 1967 III S. 222, BB 1967 S. 320, 358
384 *BFH*, 21. 12. 1972, BFHE 107 S. 564, BStBl. 1973 II S. 298, BB 1973 S. 370 und 414 einerseits und *BFH*, 8. 1. 1975, BFHE 115, S. 37, BStBl. II S. 437, BB 1975 S. 546 andererseits
385 Ein Wahlrecht bei der Bildung einer Pensionsrückstellung bei der Kapitalgesellschaft bejaht der BGH, 14. 2. 1974, II ZR 76/72, BB 1974 S. 854
386 So auch *Seithel*, Ertragsteuerliche Probleme . . ., aaO, S. 258

Verzichtet der Gesellschafter-Geschäftsführer auf seine Ansprüche 10
aus der Pensionszusage gegen eine Abfindung in Höhe der bereits
gebildeten Pensionsrückstellung, so entsteht kein Übernahmegewinn. Bei dem Gesellschafter-Geschäftsführer ist die Abfindungssumme jedoch steuerpflichtig, nach Seithel[387] gemäß § 34 EStG
jedoch nur mit dem halben Steuersatz.

Eine *Darlehensforderung* der Betriebskapitalgesellschaft gegenüber 11
einem Gesellschafter gehört nach der Umwandlung zum Gesamthandsvermögen der Personengesellschaft[388].

Aus § 15 Abs. 1 Nr. 2 EStG wird durch die Rechtsprechung überwiegend gefolgert, daß es bei Personengesellschaften keine Darlehensbeziehungen zwischen Gesellschaft und Gesellschaftern gebe
(Bilanzbündeltheorie). Zwingend geht dies m. E. aus § 15 Abs. 1
Nr. 2 EStG nicht hervor[389]. Das Gesetz ordnet für diesen Fall nun
an, daß z. B. Darlehenszinsen vom Gesellschafter der Personengesellschaft wie Gewinneinkünfte zu behandeln sind.

Folgt man der überwiegenden Rechtsprechung, dann kann der
einzelne Gesellschafter keine Forderungen gegen sich ausweisen.
Es ist in Höhe der Forderung eine Entnahme des Gesellschafters
zum Teilwert anzunehmen.

Ein Übernahmegewinn ergibt sich also bei der Besitzpersonengesellschaft nur, wenn die Forderung bei der Betriebs-GmbH minderbewertet war.

Durch die Umwandlung erlöschen die gegenseitigen *Forderungen* 12
und *Verbindlichkeiten*.

Ein Übernahmegewinn ergibt sich aber nur, wenn einer vollbewerteten Verpflichtung eine minderbewertete Forderung gegenübersteht. Einer Pachterneuerungsrückstellung auf der Basis der Wiederbeschaffungskosten der bisherigen Betriebs-GmbH steht ein
aktivierter Substanzerhaltungsanspruch des Besitzunternehmens in
gleicher Höhe gegenüber. Da sich beide Bilanzansätze decken müssen, kann auch hier kein Übernahmegewinn entstehen.

Durch die Umwandlung ändert sich an den bestehenden A r b e i t s -
v e r h ä l t n i s s e n nichts: Kraft Gesetzes (§ 613 a BGB) tritt die
neue Gesellschaft in die bestehenden Dienstverträge ein.

---

387 Ertragsteuerliche Probleme..., aaO, S. 258; vgl. auch *ohne Verfasser*, Pensionsrückstellungen..., aaO, S. 1196
388 Keine Konfusion, vgl. *Brönner*, Die Besteuerung..., aaO, S. 988 Randnr. 86
389 *Messmer*, aaO, S. 199; *Wündisch*, aaO, S. 204

13 Bei der *Auflösung* der Betriebs-GmbH ist umstritten, ob in den GmbH-Anteilen steckende stille Reserven auf die von der aufgelösten GmbH herausgenommenen Wirtschaftsgüter übertragen werden können oder nicht (Tauschgeschäft). Da aber auch beim Tausch von Anlagegütern eine Gewinnverwirklichung eintritt, soweit der Tauschwert der Wirtschaftsgüter den Buchansatz übersteigt, müssen im Einzelfall unter Umständen auch hier stille Reserven aufgedeckt werden[390].

14 Wird nach Beendigung der Betriebsaufspaltung und des Pachtvertrages der Betrieb samt Geschäftswert an die Besitzgesellschaft zurückgegeben, so liegt in der Rückgabe des Geschäftswertes regelmäßig keine verdeckte Gewinnausschüttung[391].

Daraus leitet Sauer[392] ganz allgemein den Grundsatz ab, daß weder der Aufspaltungsvorgang bei Beginn der Betriebsaufspaltung noch der Rückgabevorgang bei Beendigung der Betriebsaufspaltung zu Veräußerungsgewinnen führen muß.

Wegen *umsatzsteuerlicher Fragen* im Zusammenhang mit der Umwandlung, Verschmelzung und Auflösung von Unternehmen vergleiche Lampert[393]. Soweit umsatzsteuerliche Organschaft bestand, ist bei verschmelzender Umwandlung eine Vermögensübertragung nicht steuerbar.

Anders ist es bei der errichtenden Umwandlung, da nicht gleichzeitig zwei Gesellschaften nebeneinander bestehen.

II. EINBRINGEN DES BESITZUNTERNEHMENS IN DIE BETRIEBSKAPITALGESELLSCHAFT

15 Die Besitzgesellschaft kann ihren Betrieb in die Betriebsgesellschaft gegen Gewährung von Gesellschaftsanteilen einbringen (§ 20

---
[390] Einzelheiten siehe *Brönner*, Die Besteuerung..., aaO, S. 627 Randnr. 210 und 211
[391] *BFH*, 31. 3. 1971, BStBl. 1971 II S. 536, BB 1971 S. 901; zur Behandlung eines „angewachsenen" Geschäftswertes bei Rückübertragung des Vermögens nach Beendigung der Betriebsaufspaltung vgl. *BFH*, 23. 10. 1974, BStBl. 1975 II S. 204, BB 1975 S. 309; vgl. auch *ohne Verfasser*, Aufgabe eines verpachteten Betriebs und Geschäftswert, DB 1975 S. 1476
[392] *Sauer*, Betriebsaufspaltung, aaO, S. 127
[393] AaO, S. 2355 ff.

Abs. 1 UmwStG 1977)[394]. Da die Buchwerte der eingebrachten Wirtschaftsgüter von der bisherigen Betriebs-GmbH fortgeführt werden können, ist diese Einbringung ohne Gewinnrealisierung möglich (§ 20 Abs. 2 UmwStG).

Die Vorschriften des Umwandlungssteuergesetzes 1977 über die Einbringung eines Betriebs, Teilbetriebs oder Mitunternehmeranteils in eine Kapitalgesellschaft (§§ 20—23 UmwStG 1977) entsprechen im wesentlichen den Vorschriften des UmwStG 1969 (§§ 17—20). § 20 UmwStG 1977 setzt jedoch immer voraus, daß die wesentlichen Grundlagen des Betriebes eingebracht werden.

Dies forderte schon § 17 UmwStG 1969. Nach dem BdF-Erlaß vom 20. 7. 1970[395] sollte § 17 UmwStG 1969 keine Anwendung finden, wenn ein im Alleineigentum eines Gesellschafters stehendes Betriebsgrundstück nicht eingebracht wurde[396].

Gemäß § 20 Abs. 2 S. 2 UmwStG 1977 kann die Betriebskapitalgesellschaft den Buchwert auch dann ansetzen, wenn in der Handelsbilanz das eingebrachte Betriebsvermögen mit einem höheren Wert angesetzt werden muß.

16 Hat die Besitzgesellschaft bisher die Anteile der Betriebskapitalgesellschaft selbst gehalten, so müßten diese Anteile nach der Einbringung eigene Anteile der Betriebskapitalgesellschaft werden.

17 Ist die aufnehmende Betriebskapitalgesellschaft eine Aktiengesellschaft, so ist nach § 71 Abs. 1 AktG ein Erwerb eigener Anteile grundsätzlich verboten. Eine Gesellschaft mit beschränkter Haftung als aufnehmende Betriebskapitalgesellschaft kann gemäß § 33 Abs. 2 GmbH eigene Anteile erwerben, es sei denn, der Erwerb müßte aus dem Stammkapital finanziert werden.

18 Um diese handelsrechtlichen Schwierigkeiten zu vermeiden, sah das BdF-Schreiben vom 20. 7. 1970[395] in Abschn. II Nr. 6 Abs. 3 die Möglichkeit vor, daß die Anteile an der aufnehmenden Kapitalgesellschaft nicht mit eingebracht werden. Die nicht mit eingebrachten Anteile an der aufnehmenden Betriebskapitalgesellschaft gelten dann nicht als entnommen. Sie sind künftig als Anteile zu

---

394 Zum UmwStG 1969 vgl. § 17 Abs. 1 UmwStG 1969 und *Uelner*, Betriebseinbringung..., aaO, S. 2048; *Fichtelmann*, aaO, S. 770; *Seithel*, Ertragsteuerliche Probleme..., aaO, S. 258; *Felix*, Besteuerung..., aaO, S. 30 Randnr. 197; *Bise*, Zur Betriebsaufspaltung..., aaO, S. 215; zum UmwStG 1977 vgl. *Heinemann* bei *Felix*, Körperschaftsteuerreform..., aaO, S. 116, Tz 625
395 BStBl. 1970 I S. 922 Abschn. II Ziff. 6 Abs. 2
396 AA wohl *Herrmann/Heuer*, Anm. 14—16 zu § 17 UmwStG 1969

behandeln, die durch eine Sacheinlage erworben wurden (Fiktion), auf sie waren deshalb ebenfalls die §§ 18, 19 UmwStG 1969 (= §§ 20, 21 UmwStG 1977) anzuwenden.

19 Sofern die Besitzpersonengesellschaft Grundvermögen hat, ergibt sich die Befreiung von der G r u n d e r w e r b s t e u e r bei Umwandlung in eine Kapitalgesellschaft aus § 27 Abs. 1 Nr. 2 UmwStG 1977, wenn die Umwandlung in der Zeit vom 1. 1. 1977 bis 31. 12. 1981 erfolgt.

20 Nach dem Wortlaut des § 27 Abs. 1 Nr. 2 wären nur Besitzunternehmen begünstigt, die in der Rechtsform »eines Einzelunternehmens, einer offenen Handelsgesellschaft oder einer Kommanditgesellschaft« betrieben wurden. BGB-Gesellschaften wären damit ausgeschlossen. Dies würde bei der Auflösung von Betriebsaufspaltungen besonders gravierend sein, da Besitzunternehmen teilweise handelsrechtlich nach der Aufspaltung in BGB-Gesellschaften zurückgestuft werden (vgl. Tz B 8 ff).

M. E. handelt es sich bei § 27 Abs. 1 Nr. 2 UmwStG 1977 nur um ein Redaktionsversehen. Unter diese Vorschriften fallen auch andere Mitunternehmerschaften, wie z. B. BGB-Gesellschaften. Eine Auslegung hätte die Verfassungswidrigkeit der Vorschrift zur Folge[397].

Eine Befreiung von der G e s e l l s c h a f t s t e u e r ist im Umwandlungssteuergesetz 1977 nicht vorgesehen. Die Bundesregierung hat dazu die Ansicht vertreten, daß eine Gesellschaftsteuerfreiheit wegen EG-Recht nicht möglich ist[398].

---

[397] Vgl. auch *Loos,* Die Grunderwerbsteuerbefreiungen..., aaO, S. 789 und *Heinemann* bei *Felix,* Körperschaftsteuerreform..., aaO, S. 121 Tz 651

[398] Vgl. *Heinemann* bei *Felix,* Körperschaftsteuerreform..., aaO, S. 118 Tz 634 und S. 121 Tz 646

H. Anhang

VERTRAGSBEISPIELE

Nachfolgend werden zwei Pacht- und Betriebsüberlassungsverträge in ihren wesentlichen Bestimmungen wiedergegeben. Die Fassungen können aber im konkreten Fall die Zuziehung eines Beraters nicht ersetzen. Weitere Musterverträge finden sich u. a. bei Rosendorff[399], Neitzel[400], Wurm/Wagner/Zartmann[401], Sölter/Zimmerer[402] und Sudhoff[403].

Muster 1

Zwischen
der Firma Mayer und Schmidt Verwaltungs-KG, München —
nachfolgend auch »KG« genannt —
und
der Firma Mayer und Schmidt, Rohrleitungs- und Tiefbau GmbH, München
— nachfolgend auch »GmbH« genannt —
wird folgender
    PACHT- und BETRIEBSÜBERLASSUNGSVERTRAG
abgeschlossen:

                     Präambel

Satzungsgemäße Aufgabe der GmbH ist es als Betriebsgesellschaft, das bisher von der KG betriebene Rohrleitungs- und Tiefbauunternehmen mit Wirkung vom 1. 1. 1973 auf eigene Rechnung zu führen. Gesellschafter der GmbH sind die KG, vertreten durch ihren persönlich haftenden Gesellschafter Herrn Mayer sowie Herrn Schmidt. Die KG hat gemäß Gesellschafterbeschluß vom 30. 11. 1972 ihr Umlaufvermögen und ihre Verbindlichkeiten mit Werten zum

---

399 AaO, S. 120 (Vertrag zwischen Firma Friedrich Krupp in Essen und dem Grusonwerk in Magdeburg-Buckau)
400 AaO, Anhang
401 AaO, S. 1141
402 AaO, S. 1361
403 AaO, S. 498

H

1. 1. 1973 in die GmbH unter Anrechnung auf die Stammeinlagen eingebracht. Herr Schmidt hat seine Stammeinlage in bar erbracht. Weiter hat die Gesellschafterversammlung der KG am 30. 11. 1972 beschlossen, ebenfalls mit Wirkung vom 1. 1. 1973, den Betrieb auf die GmbH zu übertragen und der GmbH das gesamte zu dem Betrieb gehörende Anlagevermögen zu verpachten.

In Ausführung dieses Beschlusses vereinbaren die Vertragsparteien nunmehr hinsichtlich des Pachtverhältnisses und der Betriebsüberlassung:

§ 1 Gegenstand

(1) Die KG verpachtet mit Wirkung vom 1. 1. 1973 ohne jede Gewährleistung an die GmbH ihr gesamtes bewegliches und unbewegliches Anlagevermögen.

Das zu verpachtende Anlagevermögen besteht aus

a) Grundstücken und grundstücksgleichen Rechten mit Geschäfts-, Fabrik- und anderen Bauten gemäß beiliegendem Verzeichnis (Anlage 1)

b) Maschinen und maschinellen Anlagen laut Anlagekartei (Anlage 2)

c) Betriebs-, Lager- und Büroeinrichtungen laut Anlagekartei (Anlage 3)

d) Werkzeugen und Vorrichtungen (Anlage 4)

e) Anlagen im Bau und Anzahlungen auf Anlagen (Anlage 5)

(2) Die Anlagen 1 mit 5 sind Bestandteil dieses Vertrages.

(3) Solange das Anlagevermögen an die GmbH verpachtet ist, überläßt die KG ohne jede Gewährleistung ihren gesamten Betrieb, wie er steht und liegt mit allen dazugehörigen Verträgen, Konzessionen, Erfahrungen usw. der GmbH.

(4) Die GmbH verpflichtet sich, den Betrieb der KG im eigenen Namen und für eigene Rechnung fortzuführen.

§ 2 Rechte und Pflichten der GmbH

(1) Die GmbH ist verpflichtet, das ihr pachtweise überlassene Anlagevermögen mit der üblichen Sorgfalt zu pflegen, auf ihre Kosten instand zu halten, auszubessern und zu ergänzen sowie unbrauchbar gewordene Wirtschaftsgüter zu ersetzen.

(2) Darüber hinaus hat die GmbH alle für die wirtschaftliche Erhaltung des überlassenen Betriebes notwendigen Aufwendungen zu tragen.

(3) Die GmbH ist berechtigt, für eigene Rechnung Anlageinvestitionen und betriebsnotwendige Investitionen vorzunehmen.

(4) Die von der GmbH während der Dauer dieses Vertrages erfolgten Ersatz- und Neubeschaffungen gehen unmittelbar in das Eigentum der KG über.

§ 3 Übernahme von Verträgen

(1) Die GmbH tritt in alle Verträge ein, die die KG abgeschlossen hat.

(2) Die GmbH hat alle Verpflichtungen aus diesen Verträgen zu übernehmen. Sofern ein Vertragspartner einer Vertragsübernahme nicht zustimmt oder diese aus sonstigen Gründen nicht möglich ist, führt die GmbH im Verhältnis für die KG diese Verpflichtungen durch.

(3) Sämtliche Arbeitnehmer der KG werden von der GmbH zu gleichen Bedingungen übernommen, wobei erworbene Rechte der Arbeitnehmer von der GmbH gewährleistet werden. Die GmbH übernimmt auch die bereits entstandenen Versorgungsansprüche früherer Arbeitnehmer und von deren Angehörigen.

§ 4 Nutzungsentgelt

(1) Das jährliche Nutzungsentgelt setzt sich zusammen aus
a) einem Entgelt von 260.000 DM für die Überlassung von Grundstücken
b) einer jährlichen 9 %-igen Kapitalverzinsung des verpachteten Anlagevermögens mit Ausnahme der Grundstücke
c) einer Vergütung von 1 % des Umsatzes für die Nutzung der immateriellen Wirtschaftsgüter
d) einem Benutzungsentgelt von $^1/_2$ % des Umsatzes für die Überlassung von Schutzrechten, Konzessionen usw.

(2) Auf das Nutzungsentgelt sind monatlich im voraus 80.000 DM als Abschlagszahlung zu leisten.

(3) Die endgültige Verrechnung des Nutzungsentgelts gemäß den Absätzen 1 und 2 hat bis spätestens drei Monate nach Beendigung eines jeden Wirtschaftsjahres zu erfolgen.

§ 5 Nebenleistungen

(1) Die GmbH trägt während der Vertragsdauer alle mit der Führung des Betriebes anfallenden Lasten, insbesondere die auf verpachtete Anlagevermögen entfallenden steuerlichen und sonstigen

H

öffentlichen Abgaben, einschließlich der Lastenausgleichsabgaben. Sollten diese Vermögenswerte zukünftig mit weiteren einmaligen oder laufenden öffentlichen Lasten belegt werden, so trägt auch diese die GmbH.

(2) Die GmbH ist verpflichtet, das Pachtobjekt auf eigene Kosten angemessen gegen mögliche Risiken versichert zu halten, insbesondere gegen Feuer, Diebstahl, Glas-, Sturm-, Öl- und Wasserschäden; die GmbH tritt in laufende Versicherungsverträge ein. Ausreichende Betriebshaftpflicht- und -unterbrechungsversicherungen sind abzuschließen.

(3) Für die Bearbeitung der Verwaltungsangelegenheiten der KG stellt die GmbH der KG Personal und geschäftliche Einrichtungen unentgeltlich zur Verfügung.

§ 6 Vertragsdauer, Kündigung

(1) Das Vertragsverhältnis beginnt am 1. 1. 1973 und wird auf unbestimmte Dauer abgeschlossen.

(2) Jede Vertragspartei ist berechtigt, den Vertrag mit einer Frist von 12 Monaten zum Ende eines Kalenderjahres zu kündigen, erstmals zum 31. 12. 1978.

§ 7 Abwicklung bei Vertragsbeendigung

(1) Die GmbH verpflichtet sich, bei Beendigung dieses Vertrages das ihr überlassene Anlagevermögen (gegebenenfalls auch Umlaufvermögen) und den Betrieb der KG oder einem von dieser benannten Dritten wieder zur Verfügung zu stellen und alle erforderlichen Handlungen vorzunehmen, damit der Betrieb von der KG oder einem von dieser benannten Dritten fortgeführt werden kann.

(2) Die GmbH ist auf Verlangen der KG verpflichtet, das bei Vertragsbeendigung vorhandene Umlaufvermögen (gegebenenfalls auch Anlagevermögen), soweit es für die Weiterführung des Betriebes erforderlich ist, zu Buchwerten zu übertragen.

....
(Ort, Datum) (Unterschriften)

H

Muster 2 [404]

Die Firma Wilhelm Müller und Co, Starnberg,
vertreten durch den persönlich haftenden Gesellschafter, Herrn
Wilhelm Müller sen.,
— nachfolgend kurz »Verpächterin« genannt —
und
die Firma W + W Müller und Co Fußbodenbetriebe, Gesellschaft
mit beschränkter Haftung, Starnberg
vertreten durch ihren Geschäftsführer,
Herrn Wilhelm Müller jun.,
— nachfolgend kurz »GmbH oder Pächterin« genannt —
schließen folgenden

PACHT- und BETRIEBSÜBERLASSUNGSVERTRAG

Präambel

Satzungsgemäße Bestimmung der GmbH ist es, als Betriebsgesellschaft das bisher von der Verpächterin betriebene Fußbodenwerk einschließlich Handelsgeschäft mit Wirkung vom 1. 1. 1976 für eigene Rechnung zu führen.

Zu diesem Zweck verpachtet die Verpächterin ihr gesamtes Anlagevermögen mit Wirkung vom 1. 1. 1976 an die Pächterin und überträgt ihren Betrieb für die Dauer dieses Pacht- und Betriebsüberlassungsvertrages der GmbH.

Die Verpächterin hat gem. Gesellschafterbeschluß vom 31. 12. 1975 ihr Umlaufvermögen und ihre Verbindlichkeiten mit Werten zum 1. 1. 1976 in die GmbH unter Anrechnung auf die Stammeinlagen eingebracht. Herr Wilhelm Müller jun. hat seine Stammeinlage in bar erbracht.

Im einzelnen wird folgendes vereinbart:

I. Pachtvertrag

§ 1

1. Die Verpächterin verpachtet an die GmbH ihr gesamtes zu dem Betrieb gehörendes bewegliches und unbewegliches Anlagevermögen.

---

404 Dieses Muster hat einer bayer. Finanzbehörde zur Prüfung vorgelegen. Diese hat bestätigt, daß bei diesem Muster die Grundsätze der Betriebsaufspaltung anzuwenden und deshalb keine stillen Reserven aufzudecken sind; auch sonst wurden keine Bedenken erhoben, insbesondere wurde der vorgesehene Pachtzins (§ 5) gebilligt.

H

Das zu verpachtende Anlagevermögen ist aus dem Inventar, das entsprechend den handels- und steuerrechtlichen Vorschriften zum 31. 12. 1974 aufgestellt ist, ersichtlich. Zu- und Abgänge bis zum 31. 12. 1975 sind entsprechend zu berichtigen. Das Inventar ist als Anlage 1 diesem Vertrag beigefügt und Vertragsbestandteil.

2. Die GmbH verpflichtet sich, den Betrieb der Verpächterin im eigenen Namen und für eigene Rechnung fortzuführen.

§ 2

Der Pachtvertrag beginnt am 1. 1. 1976 und wird auf unbestimmte Zeit geschlossen. Er kann zum Ende eines jeden Kalenderjahres unter Einhaltung einer 6-monatigen Frist mittels eingeschriebenen Briefes gekündigt werden.

§ 3

1. Die GmbH ist verpflichtet, das ihr pachtweise überlassene Anlagevermögen wie ihr Eigentum zu pflegen, auf ihre Kosten instandzuhalten und auszubessern.
2. Während der Vertragsdauer hat die GmbH zusätzlich benötigte geringwertige Wirtschaftsgüter selbst anzuschaffen. Andere Wirtschaftsgüter stellt die Verpächterin auf Anforderung der GmbH pachtweise zur Verfügung.
3. Die von der GmbH während der Dauer dieses Vertrages vorgenommenen Ersatzbeschaffungen gehen unmittelbar in das Eigentum der Verpächterin über.
4. Die GmbH ist berechtigt, für eigene Rechnung Anlageinvestitionen (z. B. Neubauten, Umbauten, Anschaffungen) vorzunehmen. Bei Beendigung des Pachtvertrages kann sie verlangen, daß die Verpächterin solche von ihr hergestellten oder angeschafften Anlagegegenstände, soweit es sich nicht um Ersatzinvestitionen handelt, zum Buchwert, wie er sich nach Vornahme ordnungsgemäßer Abschreibungen ergibt, übernimmt.

§ 4

1. Die GmbH trägt während des Bestehens des Pachtvertrages die auf das Anlagevermögen entfallenden öffentlichen Abgaben und Steuern und verpflichtet sich, die Anlagen gegen die üblichen Schäden versichert zu halten.
2. Die Kosten der Versicherung trägt die GmbH. In laufende Versicherungsverträge tritt die GmbH ein.

3. Sollte das Anlagevermögen in Zukunft mit bisher noch nicht bekannten einmaligen oder laufenden öffentlichen Lasten belegt werden, so hat diese die GmbH ebenfalls zu tragen.

§ 5

1. Der jährliche Pachtzins setzt sich zusammen aus
    a) einer Vergütung in Höhe der Abschreibungen der Verpächterin
    b) einer jährlichen 15-prozentigen Kapitalverzinsung des verpachteten Anlagevermögens
    c) einer Vergütung von 1 % des Umsatzes für die Nutzung des Betriebes der Verpächterin.
2. Auf den Pachtzins sind vierteljährlich im voraus in festen Beträgen Abschlagszahlungen auf der Basis der Vorjahreszahlen zu leisten.
3. Die endgültige Verrechnung der Pacht gemäß Absätzen 1 und 2 hat spätestens 6 Monate nach Beendigung eines jeden Pachtjahres zu erfolgen.

II. Betriebsüberlassungsvertrag

§ 6

Die Verpächterin überträgt für die Dauer des Pachtvertrages ihren gesamten Betrieb, wie er steht und liegt mit allen dazu gehörigen Verträgen, Konzessionen etc. mit Wirkung ab 1. 1. 1976 auf die GmbH.

§ 7

1. Die GmbH erklärt sich mit der Übertragung einverstanden und verpflichtet sich, den von ihr übernommenen Betrieb mindestens im jetzigen Umfang aufrechtzuerhalten und ordnungsgemäß fortzuführen.
    Sie tritt mit Wirkung ab 1. 1. 1976 in sämtliche laufenden, sich auf den Betrieb beziehenden Verträge (z. B. Ein- und Verkaufsverträge, Lieferungs- und Leistungsverträge, Pacht- und Mietverträge, Anstellungs- und Arbeitsverträge, Werkverträge etc.) ein.
2. Die GmbH verpflichtet sich, die Verpächterin von allen Verpflichtungen aus den übergeleiteten Verträgen freizustellen und, soweit es geboten erscheint, von beteiligten Dritten die Genehmigung zur Übertragung einzuholen.

H

§ 8

1. Mit Beendigung des Pachtvertrages endet auch der Betriebsüberlassungsvertrag.
2. Die GmbH ist verpflichtet, nach diesem Zeitpunkt auf Verlangen den gesamten Betrieb mit allen dann bestehenden und sich auf den Betrieb beziehenden Verträgen, wie sie vorstehend von der GmbH übernommen sind sowie mit sämtlichen bestehenden Rechten, Konzessionen etc. auf die Verpächterin oder deren Rechtsnachfolgerin zurückzuübertragen.
3. Die Übertragungspflicht erstreckt sich nicht auf etwaige fremde Betriebszweige, die von der GmbH während der Dauer der Überlassung errichtet worden sind.

§ 9

1. Die GmbH ist auf Verlangen verpflichtet, die bei Beendigung des Betriebsüberlassungsvertrages vorhandenen Werte des Umlaufvermögens, soweit sie zu dem zurückzuübertragenden Betrieb gehören, auf die Verpächterin zu übertragen.
2. Macht die Verpächterin von diesem Recht Gebrauch, so ist sie berechtigt und verpflichtet, das Umlaufvermögen zu den Buchwerten der GmbH, die nach den Grundsätzen ordnungsgemäßer Buchführung ermittelt werden, zu übernehmen; desgleichen hat die Verpächterin in die Verpflichtungen der GmbH dann einzutreten.
3. Die Verpächterin ist bei der Rückübertragung insbesondere auch verpflichtet, in die von der GmbH abgeschlossenen Pensionsverträge einzutreten, soweit sie mit dem Betrieb in Zusammenhang stehen. Die GmbH hat der Verpächterin Mittel in angemessener Höhe für die Erfüllung der am Tage der Rückübertragung eventuell bestehenden Pensionsverpflichtungen und Pensionsanwartschaften zu überlassen.

....

(Ort, Datum)   (Unterschriften)

SCHRIFTTUMSVERZEICHNIS

Adler/Düring/ Schmaltz	Rechnungslegung und Prüfung der Aktiengesellschaft, Band 1: Rechnungslegung, 4. Aufl. Stuttgart 1968
Aschfalk, Bernd	Zur Bilanzierung des Substanzerhaltungsanspruchs bei Verpächter und Pächter, zugleich Besprechung des BFH-Urteils IV/75/64 vom 23. 6. 1966, FR 1968 S. 147—151
Barth, Kuno	Das Bundesverfassungsgericht und die Frage der sog. Betriebsaufspaltung, FR 1963 S. 151—153
derselbe	Zur Gewerbesteuerpflicht bei der Verpachtung, FR 1968 S. 357
derselbe	Grundstückserträge bei der Gewerbeertragsteuer im Falle der Betriebsaufspaltung. Der Streit in der Finanzverwaltung über die Frage der erweiterten Kürzung nach § 9 Ziff. 1 S. 2 GewStG, DB 1968 S. 210
derselbe	Werden GmbH-Anteile bei Betriebsaufspaltung zu Betriebsvermögen? (Zur Grundsatzentscheidung des IV. Senats des BFH IV R 139/67 vom 15. 11. 1967), GmbH-Rdsch. 1967 S. 14 ff.
derselbe	Zur neueren Rechtsprechung über die Betriebsaufspaltung, DB 1972 S. 2230/2231
derselbe	Betriebsaufspaltung im Steuerrecht, BB 1972 S. 1360—1362
Bartholomé, Josef	Betriebsaufspaltung und Betriebsprüfung, StBp 1963 S. 281—286
Baumbach, Adolf/ Duden, Konrad	Handelsgesetzbuch, Kommentar mit Nebengesetzen ohne Seerecht, München 1968, 18. Aufl.
Beinert, Jörg	Überlegungen zur Unternehmensform nach der Körperschaftsteuerreform, StbJb 1976/77 S. 221 ff.
Bettlewski, Kurt	Zur Gewerbesteuerpflicht von Besitzunternehmen (Einzelfirmen) bei Betriebsaufspaltungen, WPg 1959 S. 386—388
Beyerle, Konrad	Herrschaftsbefugnisse in der fehlgeschlagenen Kommanditgesellschaft, BB 1973 S. 1376 ff.
Birk, Rolf	Arbeitsrechtliche Probleme bei der Betriebsaufspaltung, BB 1976 S. 1227
Birkholz, Hans	Die Betriebsaufspaltung im Steuerrecht — Zum Vorlagebeschluß des IV. Senats des BFH an den Großen Senat IV 87/65 vom 16. 7. 1970 (BStBl. II 1971, 182) — DStZ/A 1971 S. 158—161

Schrifttumsverzeichnis

derselbe	Noch einmal: Die Betriebsaufspaltung im Steuerrecht — Ausweitung statt Einschränkung des Begriffs, DStZ/A 1972 S. 39
derselbe	Anm. zum BFH-Urteil I R 15/70 vom 19. 4. 1972, FR 1972 S. 345
derselbe	Anm. zum BFH-Urteil I R 184/70 vom 18. 10. 1972, FR 1972 S. 539/540
derselbe	Die Betriebsaufspaltung im Steuerrecht, BB 1974 S. 1477
Bise, Wilhelm	Die Betriebsaufspaltung in der Rechtsprechung des Bundesfinanzhofes, DB 1962 S. 416—419
derselbe	Zur Betriebsaufspaltung — Tendenzen nach dem Beschluß des Großen Senats des Bundesfinanzhofes vom 8. 11. 1971, StbJb 1972/73 S. 207 ff.
Böttcher, Conrad	Zur Betriebsaufspaltung, StuW 1962 Sp. 249
derselbe	Steuerfragen zur Betriebsaufspaltung, StbJb 1963/64 S. 123 ff.
derselbe	Die Unternehmensformen — Personenunternehmen und Kapitalgesellschaften — unter steuerlichen Gesichtspunkten, RWP-Blattei 14 Steuer-R D Unternehmen-Formen I 1 Personenunternehmen und Kapitalgesellschaften
derselbe	Zur Frage der Ausschüttung eines Firmenwertes im Zusammenhang mit einer „umgekehrten Betriebsaufspaltung", RWP-Blattei 14 Steuer-R D Unternehmens-Formen II B 1 Einzelfragen
derselbe	Dauerpflegschaft für Anteile eines minderjährigen Kommanditisten handelsrechtlich unzulässig? BB 1974 S. 73
Böttcher, Conrad/ Beinert, Jörg	Wechsel der Unternehmensformen, Stuttgart, 2. Aufl. 1969
dieselben	Die Rechtsprechung zur Betriebsaufspaltung, DB 1966 S. 1782 ff. und 1821 ff.
Böttcher, Conrad/ Beinert, Jörg/ Hennerkes, Brun-Hagen	Die generellen Voraussetzungen zur steuerlichen Anerkennung von Familien-Personengesellschaften und zur Kritik am Beschluß des Großen Senats des BFH vom 29. 5. 1972 (BStBl. 1973 II, 5) über die einkommensteuerliche Behandlung der Gewinnbeteiligung von Kindern und der auf diesen Beschluß folgenden Rechtsprechung ab 1. 1. 1973, RWP, Ausgabe B — Steuerrecht — 1/April 1974 S. 79 ff.
Böttcher, Conrad/ Hennerkes, Brun-Hagen	Beteiligungsgleichheit bei Betriebsaufspaltung — Zugleich ein Beitrag zum BFH-Urteil I 231/63 vom 3. 12. 1969 — RWP-Blattei 14 Steuer — R D Betriebsaufspaltung II B 3 Einzelfragen

Schrifttumsverzeichnis

Bordewin, Arno	Anm. zum BdF-Schreiben vom 10. 9. 1973 — IV B 2 — S 2241 — 12/73, BB 1973 S. 1154/1155
Boschert, Dieter	Die steuerliche Problematik der Betriebsaufspaltung, Düsseldorf 1963
Brandmüller, Gerhard	Vermögensbeteiligungsgesetz und Betriebsaufspaltung, BB 1974 S. 312
derselbe	Steuerliche Auswirkungen der geplanten Vermögensbeteiligungsabgabe, BB 1974 S. 641
derselbe	Betreibt ein Besitzunternehmen noch ein Handelsgewerbe? BB 1976 S. 641
Breitenbach, Eduard	Investitionszulagen zur Konjunkturbelebung für vermögensverwaltende Kapital- und Personengesellschaften? DB 1975 S. 862/63
Brendle, Manfred/ Schaaf, Herbert	Zur Frage einer verdeckten Gewinnausschüttung bei einer Vertriebs-GmbH, GmbH-Rdsch. 1977 S. 137—139
Brezing, Klaus	Verdeckte Gewinnausschüttung nach dem Körperschaftssteuergesetz 1977, DB 1976 S. 2079
Brönner, Herbert	Die Bilanz nach Handels- und Steuerrecht, Stuttgart, 8. Aufl. 1971
derselbe	Die Besteuerung der Gesellschaften, Stuttgart, 12. Aufl. 1974
Cossel, Kurt	Ist § 9 Ziff. 1 S. 2 GewStG 1962 bei Betriebsaufspaltung auf die Mietverträge eines Besitzunternehmens anwendbar, das seine Tätigkeit darauf beschränkt, seinen Grundbesitz an die von ihm gegründete und beherrschte Betriebsgesellschaft zu vermieten? DStR 1964 S. 542
Dahlheimer, Karl	Betriebsaufspaltung — Formen, Vereinbarungen, Besteuerung, Herne-Berlin 1964
Deppe, Hans	Bemerkungen zum Inhalt des Instituts der verdeckten Gewinnausschüttung im KStG 1977 und EStG 1977, DB 1977 S. 1155—1160
Diederichsen, Uwe	Die Haftung des Warenherstellers, München und Berlin 1967
Duden, Konrad/ Schilling, Wolfgang	Die Spaltung von Gesellschaften, Die Aktiengesellschaft 1974 S. 202 ff.
Dueball, Lutz	Praktische Fragen zur GmbH und Co. Kommanditgesellschaft, BB Beilage 3/1965 zu Heft 11/1965
Dürkes, Werner	Die Doppelgesellschaft, BB 1949 S. 65 und S. 266
Eckhardt, Walter	Betriebsaufspaltung, StbJb 1971/72 S. 116—136
Ehlers, Hans	Dauerergänzungspfleger bei Familiengesellschaften, DStR 1974 S. 246—248

Schrifttumsverzeichnis

Eickhoff, Friedrich-Wilhelm	Rückschluß vom Pachtzins auf einen Geschäftswert? FR 1965 S. 72—75
Fasold, Rudolf	Unterpreisberechnungen bei Betriebsaufspaltungen, Stellungnahme zum BFH-Urteil vom 8. 11. 1960, DB 1961 S. 386—387
Felix, Günther	Gesellschaftsteuerfreiheit bei Begründung einer Betriebsaufspaltung? BB 1972 S. 652
derselbe	Gewerbesteuerpflichtiges Besitzunternehmen bei Vermietung wesentlicher Betriebsgrundlagen durch GmbH-Gesellschafter, die nicht Mitunternehmer sind, an die GmbH und Co.? GmbH-Rundschau 1971 S. 147
derselbe	Besteuerung der Betriebsaufspaltung — Rechtslage nach dem Beschluß des Großen Senats, 2. Aufl., zugleich Bericht über die 13. Kölner Trainingstagung vom 17. 3. 1972 des Arbeitskreises für Steuerrecht GmbH
derselbe	Körperschaftsteuerreform — Umwandlungsteuerreform, 2. Aufl. 1977, zugleich Bericht über die 20. Kölner Trainingstagung des Arbeitskreises für Steuerrecht GmbH
Felix, Günther/ Korn, Klaus	Aktuelles zur Betriebsaufspaltung (Betriebsvermögen, Organschaft, Einkunftsarten), DStR 1971 S. 135—140
Fella, Günter	Der freie Erfinder im Einkommensteuerrecht, BB Beilage 7/1972 zu Heft 28/1972
Fichtelmann, Helmar	Die Betriebsaufspaltung im Steuerrecht, Inf. 1972 S. 289 ff.
derselbe	Anm. zum BFH-Urteil vom 31. 3. 1971, I R 111/69, FR 1971 S. 492
Flume, Werner	Die Gewinnverteilung in Personengesellschaften nach Gesellschafts- und Steuerrecht, DB 1973 S. 786 ff.
Freudling, Fritz	Betriebsaufspaltung und Doppelbesteuerungsabkommen, RIW/AWD 1975 S. 481
Gassner Bruno	Betriebsaufspaltung über die Grenze, BB 1973 S. 1352 ff.
Gérard, Willy/ Söffing, Günter	Das Einkommensteuerreformgesetz, FR 1974 S. 361 ff.
Görbing, Hans	Die neuen Grundsätze über die Behandlung der Verpachtung von Betrieben, DStZ/A 1965 S. 97 ff.
Gössner, Dieter	Kann bei einer Betriebsaufspaltung die Handelsregistereintragung der „Besitzfirma" erhalten werden? BB 1967 S. 1274

Schrifttumsverzeichnis

Grass, Adolf	Wandlungen im Bilanzsteuerrecht, DB 1962 S. 281 ff.
Grieger, Rudolf	Keine vollkommene Personenidentität bei der Betriebsaufspaltung — Beschluß des Großen Senats des BFH vom 8. 11. 1971 — Gr. S. 2/71, RWP-Blattei 14 Steuer-R D Betriebsaufspaltung II B 3a Einzelfragen
derselbe	Wertschulden und verdecktes Stammkapital bei der Betriebsaufspaltung — BFH-Urteil I 44/57 U vom 13. 1. 1959 (BStBl. III 1959 (Nr. 13), Seite 197) —, DStZ/A 1959 S. 177—181
derselbe	Anm. zum BFH-Urteil vom 2. 8. 1972, IV 87/65, DStZ/A 1972 S. 389
derselbe	Anm. zum BFH-Urteil vom 8. 11. 1960, I 131/59 S BB 1961 S. 84
Hausmann, Fritz	Das Recht der Unternehmenzusammenfassungen 2. Teil: Die Praxis des Rechts der Unternehmenzusammenfassungen, München-Berlin-Leipzig 1932
Henninger, Fritz	Einzelfragen zum Besitzpersonenunternehmen bei Doppelgesellschaften, RWP-Blattei 14 Steuer-R D Betriebsaufspaltung II B 1 Einzelfragen
derselbe	Zum Beschluß des Großen Senats des BFH über Besitzpersonenunternehmen, RWP-Blattei 14 Steuer-R D Betriebsaufspaltung II B 1b Einzelfragen
derselbe	Verdeckte Gewinnausschüttung bei Betriebsaufspaltungen, GmbH-Rdsch. 1968 S. 251 ff.
derselbe	Beim Besitzunternehmen kann auch ein gewillkürtes Betriebsvermögen anerkannt werden, RWP-Blattei 14 Steuer-R D Betriebsaufspaltung II B 1a
derselbe	Betriebsaufspaltung: Besteuerung von Besitzpersonenunternehmen, DB 1969 S. 637/638
derselbe	Beteiligungsverhältnisse und Besitzunternehmen — Zugleich eine Besprechung des BFH-Urteils I 231/63 vom 3. 12. 1969 — FR 1970 S. 369—373
derselbe	Erweiterte Gewerbeertragskürzung bei Besitzunternehmen, DB 1971 S. 844/845
derselbe	Unechte Betriebsaufspaltung, § 2 GewStG, RWP-Blattei 14 St-R D BetrAufspalt. II B 1c
derselbe	Betriebsaufspaltung und Organschaft, § 7a KStG, RWP-Blattei 14 St-R D BetrAufspalt. II B 1c
derselbe	Gemischtes Interesse und verdeckte Gewinnausschüttungen, GmbH-Rdsch. 1977 S. 44—46
Herrmann, Hans Joachim	Neuerungen in der Rechtsprechung des Bundesfinanzhofes zur Mitunternehmerschaft minderjähri-

	ger Kinder bei Familiengesellschaften, FR 1973 S. 389—393
Herrmann, Carl/ Heuer, Gerhard	Kommentar zur Einkommensteuer und Körperschaftsteuer einschließlich Nebengesetze, Köln, 15. Aufl.
Hess, Harald	Gesetzlicher Übergang des Arbeitsverhältnisses bei Betriebsveräußerung nur mit Einwilligung des Arbeitnehmers? BB 1977 S. 501
Hintzen, Lothar	Empfiehlt sich für mittelständische Personengesellschaften nach einer Körperschaftsteuerreform der Übergang in die GmbH? BB 1976 S. 506
Hoffmann, Fritz	Anm. zum BFH-Urteil IV R 16/69 vom 9. 7. 1970, GmbH-Rdsch. 1972 S. 95/96
derselbe	Bilanzierungsprobleme bei der Pachtung und Verpachtung eines Betriebes in der neueren Rechtsprechung des BFH, DStZ/A 1966 S. 200 ff.
derselbe	Die Betriebsaufspaltung in der neueren Rechtsprechung des Bundesfinanzhofes, DStZ/A 1973 S. 33
Hoffmann, Mattern	Vor- und Nachteile der Doppelgesellschaft — Betriebsaufspaltung —, Recht und Besteuerung der Familienunternehmen 1973/74, Schriften des Deutschen wissenschaftlichen Steuerinstituts der Steuerbevollmächtigten e. V., Bonn 1974 S. 65—78
Hofmann	Die Betriebsaufspaltung im Grundbuch, NJW 1974 S. 448/449
Irmler, H.	Erfindervergütungen im Falle der Betriebsaufspaltung, BB 1976 S. 1266
Jüsgen, Werner	Die Beteiligungsidentität bei der Betriebsaufspaltung — Bemerkungen zum BFH-Urteil IV R 16/69 vom 9. 7. 1970, FR 1971 S. 147 ff.
Jurkat, Werner	Die Organschaft im Körperschaftsteuerrecht, Heidelberg 1975
Jurkart, Werner/ Seithel, Rolf	Betriebsaufspaltung, Fachseminar des Studienkreises Recht und Wirtschaft e. V. am 27. und 28. 4. 1972 in Heidelberg
Kaul, Wolfgang	Betriebsaufspaltung und Betriebsaufgliederung — Kritische Betrachtungen zur Rechtsprechung des BFH —, FR 1962 S. 508—510
Keuk, Brigitte	Die Besteuerung des „Übernahmegewinns" i. S. von § 8 Abs. 2 UmwStG, DB 1973 S. 17
dieselbe	Gewerbesteuerpflicht des Besitzunternehmens bei Betriebsaufspaltung? DB 1974 S. 205—210
Kindermann, Elmar	Verfassungswidrigkeit des Koalitionsentwurfs zur paritätischen Mitbestimmung, DB 1974 S. 1159

Kirmse, Karl Wolfgang	Das Bundesverfassungsgericht billigt die Rechtsgrundsätze des Bundesfinanzhofes zur Behandlung der Betriebsaufspaltung im Gewerbesteuerrecht — Beschluß des Ersten Senats 1 BvR 136/62 vom 14. 1. 1969, RWP-Blattei Steuer-R D Betriebsaufspaltung II B 2 Einzelfragen
Klempt, Walter/ Winter, Wilhelm	Die ertragsteuerliche Behandlung der gewerblichen Grundstücksverwaltungsunternehmen, StBp 1971 S. 25 ff.
dieselben	Zur steuerlichen Behandlung der Betriebsaufspaltung, StBp 1966 S. 179 und 205
Knobbe-Keuk, Brigitte	Die Behandlung von verdeckten Gewinnausschüttungen, Gewinnverlagerungen zwischen Konzerngesellschaften und „verunglückten" Gewinnabführungen nach dem neuen Körperschaftsteuerrecht, StuW 1977 S. 157—162
Knoppe, Helmut	Firmenwert und Pachtzinsermittlung bei Betriebsaufspaltungen, GmbH-Rdsch. 1962 S. 14—17
derselbe	Pachtverhältnisse gewerblicher Betriebe im Steuerrecht, 4. Aufl., Düsseldorf 1965
derselbe	Anm. zum BFH-Urteil vom 15. 7. 1960 (BStBl. III S. 359); Gesellschafterdarlehen bei Betriebsaufspaltung als verdecktes Stammkapital, GmbH-Rdsch. 1961 S. 16/17
derselbe	Gleitende Umsatzpacht, verdeckte Gewinnausschüttung und Gewinnrelationen bei Betriebsaufspaltungen, GmbH-Rdsch. 1962 S. 31
derselbe	Verpachtung von Betrieben und Betriebsanlagen im Gewerbesteuerrecht, DB 1967 S. 1282
derselbe	Pachtzins bei Betriebsaufspaltungen, FR 1962 S. 80
Knorr, Ernst	Zur Gewinnverwirklichung bei Betriebsaufspaltungen, StbJb 1961/62 S. 505—522
Kobs, Erwin	Einkommenbesteuerung bei Betriebsaufspaltung, NWB F 18 S. 2139
derselbe	Veräußerung und Übertragung von Gewerbebetrieben, Herne/Berlin, 4. Aufl. 1967
derselbe	Rückstellungen und Rücklagen in Steuerbilanz und Vermögensaufstellung, Herne/Berlin, 2. Aufl. 1968
Krejci, Heinz	Betriebsübergang und Arbeitsvertrag — zugleich Beitrag zur Lehre von der Vertragsübernahme, Wien 1972
Kullmann, Hans Josef	Produzentenhaftung in der Rechtsprechung des Bundesgerichtshofes, BB 1976 S. 1085

Schrifttumsverzeichnis

Labus, Otto	Anm. zum BVerfG-Beschluß vom 14. 1. 1969, 1 BvR 136/62, BB 1969 S. 351
derselbe	Anm. zum BFH-Urteil vom 24. 6. 1969, I 201/64, BB 1970 S. 116
derselbe	Anm. zum BFH-Urteil vom 29. 7. 1970, I R 24/69, BB 1970 S. 1340
derselbe	Anm. zum BFH-Urteil vom 23. 11. 1972, IV R 63/71, BB 1973 S. 375
derselbe	Anm. zum Erlaß des Niedersächsischen Finanzministeriums vom 21. 2. 1974 — B 1400 — 24 — 312, BB 1974 S. 360/361
Lampert, Kurt	Umsatzsteuer bei Gründung, Umwandlung, Verschmelzung und Auflösung von Unternehmen, NWB F 7 S. 2355
Lange, Joachim	Die Betriebsaufspaltung im Steuerrecht, StWa 1972 S. 129
Lauer, Rudolf	Zur Neuregelung der Grundsätze der Betriebsaufspaltung — Analyse des Urteils des Großen BFH-Senats 2/71 vom 8. 11. 1971 — DB 1972 S. 1311—1314
derselbe	Anm. zum Beschluß des Großen Senats des BFH vom 8. 11. 1971, BB 1972 S. 31
Leingärtner, Wilhelm	Der einheitliche geschäftliche Betätigungswille als Kriterium der Betriebsaufspaltung, FR 1972, S. 449 ff.
Leitze	Aufteilung einer GmbH in eine Grundstücks-GmbH und eine Betriebs-OHG, BB 1951 S. 160/161
Lempenau, Gerhard	Verdeckte Gewinnausschüttung — Sorgenkind der Körperschaftsteuerreform, BB 1977 S. 1209
Lersch, Heinrich / Schaaf, Herbert	Kann auch die unentgeltliche Überlassung von Wirtschaftsgütern an eine Betriebs-GmbH zur Annahme eines Besitzunternehmens i. S. der Betriebsaufspaltung führen? FR 1972 S. 440/441
Littmann, Eberhard	Die Substanzerhaltungspflicht des Pächters beim bilanzierenden Pächter und Verpächter, FR 1966 S. 227 ff.
derselbe	Anm. zum BFH-Urteil vom 24. 1. 1968, I 231/63, DStR 1970 S. 211/212
derselbe	Zur Frage der Betriebsaufspaltung, Inf. 1972 S. 49 ff.
derselbe	Auswirkungen der Rechtsprechung des Großen Senats des BFH zur Betriebsaufspaltung, DStR 1973 S. 391—399
Loos, Gerold	Zur Problematik der Vermögensbeteiligungsabgabe, BB 1974 S. 145

derselbe	Die Behandlung der Wertänderung von Pachtgegenständen im Betriebspachtvertrag, NJW 1963 S. 990
derselbe	Umwandlung von Kapitalgesellschaften auf Personengesellschaften oder natürliche Personen — Umwandlungssteuergesetz 1977 teilweise ungünstiger als Umwandlungssteuergesetz 1969 — BB 1977 S. 139
derselbe	Die Grunderwerbsteuerbefreiung gem. § 27 UmwStG 1977, DB 1977 S. 788
Lutter, Marcus	Mitbestimmung im mehrstufigen Konzern. Überlegungen zum Konzern im Konzern, BB 1977 S. 553—559
Mannhold, Peter M.	Die besonderen Gefahren verdeckter Gewinnausschüttungen bei der GmbH und Co KG im Körperschaftsteuergesetz 1977, BB 1977 S. 986
Messmer, Kurt	Die Bilanzbündeltheorie — Eine meisterhafte Schöpfung der Rechtsprechung? StbJb 1972/73 S. 127 ff.
Miehler, Kurt	Die Betriebsaufspaltung, NSt Nr. 8/1972 S. 15 ff.
Mienert, Karl	Überlassung eines Betriebsgrundstücks zur Verwaltung und Nutzung durch eine Kapitalgesellschaft, GmbH-Rdsch. 1974 S. 140
Mittelbach, Rolf	Zweifelsfragen bei der unechten Betriebsaufspaltung, DStZ/A 1974 S. 361 ff.
Müller, Lothar	Aktuelle Fragen des Konzernsteuerrechts, der Körperschaftsteuer und der Einkommensbesteuerung der Unternehmen, DStR 1976 S. 451
Naust, Werner	Zurechnung der Anteile an der Betriebskapitalgesellschaft im Falle einer Betriebsaufspaltung, BB 1962 S. 516—518
Neitzel, Manfred	Die Besitz- und Betriebsgesellschaft — Eine betriebswirtschaftliche und steuerliche Untersuchung, Berlin 1958
Neumann, Lothar	Anm. zum BFH-Beschluß Gr. S. 2/71 vom 8. 11. 1971, FR 1972 S. 160/161
Nolte, K. H.	Zur Bilanzierung von Pachterneuerungsverpflichtungen bei Doppelgesellschaften, DB 1961 S. 145—150
Oswald	Gesellschaften mit minderjährigen Kindern — wann anerkannt und wann nicht? StBp 1973 S. 174—176
Pawlowski, Hans-Martin	Abschied von der „wirtschaftlichen Betrachtungsweise" im Steuerrecht? Methodische Bemerkungen zur „wirtschaftlichen Betrachtungsweise" im Steuerrecht und Zivilrecht, BB 1977 S. 253—259

Schrifttumsverzeichnis

Peltzer, Martin	Der Regierungsentwurf zum Mitbestimmungsgesetz und die Verfassung der deutschen Kapitalgesellschaft, BB 1974 S. 440 ff.
Plückebaum, Konrad/ Malitzky, Heinz	Umsatzsteuergesetz — Mehrwertsteuer —, Kommentar, Band II/2, 10. Aufl. Köln 1972
Pogge-v. Strandmann, Carl-Arvid/Kieschke, Hans-Ulrich	Das Einkommensteuerreformgesetz, DStZ/A 1974 S. 331—347
Priester, Hans-Joachim	Dauerpfleger bei Familiengesellschaften aus zivilrechtlicher Sicht, DB 1974 S. 273—277
Rabe, Armin	Die erweiterte Gewerbeertragskürzung nach § 9 Nr. 1 Satz 2 GewStG für Besitzunternehmen, die durch Grundstücksverpachtung an die Betriebsgesellschaft gewerblich tätig werden, StBp 1973 S. 109—111
Raben, Erwin	Warendarlehen im Steuerrecht, Düsseldorf 1960
Ranft, Eckart	Betriebsaufspaltung und Organschaft (§ 7a KStG), StRK-Anm. KStG § 6 Abs. 1 S. 1 Allg. R. 183
Rasch, Harold	Die „Parität" im Recht der Großunternehmen, BB 1974 S. 532—536
Reischauer, Ulrich	Betriebsaufspaltung und Steuerrecht, rechtsw. Diss. Mainz 1968
Reuss, Tilmann	Betriebsaufspaltung im Steuerrecht — Neue Probleme bei der Beherrschungsfrage zwischen Besitzunternehmen und Betriebsgesellschaft, BB 1972 S. 1131
Richter, Heinz	Zum Begriff „Wesentliche Betriebsgrundlagen", FR 1971 S. 40
derselbe	Investitionszulagen — Berlinförderungsgesetz, Investitionszulagengesetz, Herne/Berlin 1973
Richter, Heinz/ Winter, Willi	Gewinnübertragung nach §§ 6b/6c EStG, Herne/Berlin 1971
Risse, Heinz	Betriebsaufspaltung und »einheitlicher Organismus«, GmbH-Rdsch. 1970 S. 178—180
derselbe	Zur Ergänzungspflegschaft bei Familiengesellschaften, BB 1973 S. 690
Roemheld, Bernard	Zum Übergang der Arbeitsverhältnisse nach § 613a BGB, BB 1976 S. 845
Römer, Emil	Zur Gewerbesteuerpflicht der Besitzgesellschaft bei Betriebsaufspaltung, BB 1959 S. 194
Rose, Gerd	Betriebsaufspaltungen oder Teilbetriebsaufgliederung, Steuerlast und Unternehmenspolitik, Stuttgart 1971 S. 285

Schrifttumsverzeichnis

Rosenau, Heinz	Veräußerung von Beteiligungen an Kapitalgesellschaften, die durch Betriebsaufspaltung entstanden sind, DB 1967 S. 833
derselbe	Ergänzungspfleger für minderjährige Gesellschafter einer Familienpersonengesellschaft, BB 1973 S. 975—978
Rosendorff, Richard	Die rechtliche Organisation der Konzerne, Berlin — Wien 1972
Rüthers, Bernd	Mitbestimmungsprobleme in Betriebsführungsaktiengesellschaften, BB 1977 S. 605—612
Sauer, Otto	Betriebsaufspaltung und § 9 GewStG, StBp 1973 S. 42
derselbe	Bei Gesellschaftsgründung mit Minderjährigen sind Ergänzungspfleger zu bestellen, GmbH-Rdsch. 1973 S. 113
derselbe	Betriebsaufspaltung, StBp 1975 S. 121 f
derselbe	Uneigentliche Betriebsaufspaltung, FR 1975 S. 498
Schaaf, Herbert	Betriebsaufspaltung bei mittelbarer Beteiligung der Gesellschafter des Besitzunternehmens an der Betriebsgesellschaft, RWP-Blattei 1974, 14 Steuer-R, D Betriebsaufspaltung II B 5, Einzelfragen, Mittelbare Beteiligung der Gesellschafter, Lfg. 918
derselbe	Zur Bewertung der Pachterneuerungsforderung und -rückstellung bei Betriebsaufspaltung, RWP-Blattei 1974, 14 Steuer-R, D Betriebsaufspaltung II B 6, Einzelfragen, Bewertung der Pachterneuerungsforderung, Lfg. 918
derselbe	Bewertung von Forderungen und Verbindlichkeiten bei Betriebsaufspaltung (§ 6 EST), RWP-Blattei 1975, 14 Steuer-R, D Betriebsaufspaltung II B 7, Einzelfragen, Bewertung von Forderungen und Verbindlichkeiten, Lfg. 926
Scheiterle, Walter	Die Gewerbesteuer bei Betriebsaufspaltungen, WPg 1962 S. 375—378
Schildbach, Thomas	Zur Verwendbarkeit der Substanzerhaltungskonzeption in Handels- und Steuerbilanz, BB 1974 S. 49
Schmidt, Harald	Betriebsverpachtung bei gleichzeitiger Schenkung des Inventars und der Waren an den Pächter, UStR 1970 S. 258—260
Schmidt, Karsten	Zur Identität von KG und Besitzgesellschaft, DB 1971 S. 2345
derselbe	Geschäftsführungs- und Vertriebsbefugnis der Gesellschafter bei gesetzlicher Umwandlung einer KG in eine BGB-Gesellschaft, BB 1973 S. 1612—1614

Schrifttumsverzeichnis

Schmidt, Ludwig	Aktuelle Fragen aus dem Ertragsteuerrecht der Personengesellschaften, insbesondere der Familien-Personengesellschaften, Jahrbuch der Fachanwälte für Steuerrecht 1973/74 S. 173—207
Schmidt, Ludwig/ Steppert, Helmut	Die Organschaft im Körperschaftsteuer-, Gewerbesteuer- und Umsatzsteuerrecht, Herne/Berlin 1973 2. Aufl.
Schmidt-Salzer, Joachim	Produkthaftung — Die Haftung der an der Warenherstellung und am Warenvertrieb beteiligten Personen und Unternehmen, 2. neubearbeitete Aufl., Heidelberg, 1978
Schneider, Hans Werner	Betriebsverpachtungen von Personengesellschaften an Kapitalgesellschaften in umsatzsteuerlicher — und gesellschaftsteuerlicher Hinsicht, DStZ/A 1955 S. 116—119
Schnell, Ingo	Die Betriebsaufspaltung in Besitzpersonen- und Betriebskapitalgesellschaft im Einkommen- und Körperschaftsteuerrecht, rechtsw. Diss. Erlangen — Nürnberg 1967
derselbe	Zur korrespondierenden Bilanzierung bei Betriebsaufspaltung, GmbH-Rdsch. 1962 S. 120
derselbe	Zur Stellung der Besitz-Personengesellschaft im System des Einkommensteuerrechts, WPg 1962 S. 64—69
Schulze zur Wiesche, Dieter	Der minderjährige Familienangehörige als Unternehmer, DStR 1973 S. 389 ff.
Schulze-Schlutius, Hans-G.	Steuerrechtliche Probleme der Besitz-, Betriebs- und Vertriebs-GmbH, GmbH-Rdsch. 1955 S. 179
Seiffert, Thomas	Der Aufsichtsrat der Aktiengesellschaft nach dem Regierungsentwurf für ein Mitbestimmungsgesetz, Die Aktiengesellschaft, 1974 S. 129
Seithel, Rolf	Ertragsteuerliche Probleme der Auflösung von Doppelgesellschaften unter besonderer Berücksichtigung der Vorschriften des Umwandlungsteuergesetzes 1969, GmbH-Rdsch. 1971 S. 256—262
derselbe	Zweifelsfragen zur Betriebsaufspaltung, DStR 1971 S. 140—145
derselbe	Neue BFH-Rechtsprechung zur Betriebsaufspaltung, FR 1977 S. 166
Simitis, Spiros	Soll die Haftung des Produzenten gegenüber dem Verbraucher durch Gesetz, kann sie durch richterliche Fortbildung des Rechts verordnet werden? In welchem Sinne? — Gutachten für den 47. Dt. Juristentag —, München 1968

Sölter, Arno/ Zimmerer, Carl	Handbuch der Unternehmenszusammenschlüsse, München 1972
Spital-Frenking, Ewald	Unentgeltliche Übertragung des Firmenwertes als verdeckte Gewinnausschüttung, GmbH-Rdsch. 1965 S. 36/37
Stahlecker, Dieter	Gewinnverteilung bei Familiengesellschaften, BB 1971 S. 738—742
Sudhoff, Heinrich	Handbuch der Unternehmensnachfolge, München 1972
derselbe	Darf für einen minderjährigen Gesellschafter ein Ergänzungspfleger bestellt werden? DStR 1973 S. 593—598
derselbe	Nutzungsweise Einbringungen von Grundstücken, Gebäuden und Firmenwert im Kapitalverkehrsteuerrecht, DB 1976 S. 1984 — 1987
Tausend, Hermann	Zur Betriebsaufspaltung — Einlagewert der Geschäftsanteile bei Bilanzberichtigung, BB 1969 S. 994
Tillmann, Bert	Vorweggenommene Erbfolge bei Betriebsaufspaltung, GmbH-Rdsch. 1973 S. 260
derselbe	Das neue Körperschaftsteuerrecht der GmbH, Köln 1977
Uelner, Adalbert	Betriebseinbringung in eine Kapitalgesellschaft bei Betriebsaufspaltung oder Betriebsverpachtung, DB 1970 S. 2048—2050
derselbe	Die steuerliche Behandlung der Betriebsverpachtung BB 1965 S. 78—82
Waldner, Wolfgang	Zur Bilanzierung von Pachtverträgen über gewerbliche Betriebe, NB 1961 S. 102—104
von Wallis, Hugo	Besteuerung der Personen- und Kapitalgesellschaften, 2. Aufl. Heidelberg 1971 S. 175 ff.
derselbe	Grundfragen der Einkommensbesteuerung, FR 1975 S. 334
Wendt, Karl Friedrich	Die Betriebsaufspaltung im Steuerrecht nach neuestem Stand, GmbH-Rdsch. 1973 S. 33
derselbe	Die Betriebsaufspaltung nach dem Beschluß des Großen Senats vom 8. 11. 1971, GmbH-Rdsch. 1975 S. 18
Wessel, Hanns-Heinz	Der Kaufmannsbegriff, ein Beitrag zu einer wünschenswerten Reform des geltenden Rechts, BB 1977 S. 1226
Winter, Willi	Zonenrandvergünstigungen nach § 3 ZonenRFG bei Organschaft i. S. des § 7 a KStG, FR 1974 S. 263

Schrifttumsverzeichnis

Woerner, Lothar	Mitunternehmerbegriff und Bilanzbündeltheorie bei der Gewerbesteuer, BB 1974 S. 592 ff.
derselbe	Anm. zum BFH vom 22. 6. 1977, I R 8/75, BB 1977 S. 1488
Wolff, Gerhardt	Zur „Angemessenheit" der Gewinnverteilung bei Familien-Personengesellschaften, Anmerkungen zur Entscheidung des Großen BFH-Senats v. 29. 5. 1972, DB 1973 S. 95
Wollny, Paul	Gewinnlosigkeit bei der Verlagerung von Wirtschaftsgütern im Zuge einer Betriebsneugliederung; hier im Fall einer Betriebsaufspaltung, DStR 1964 S. 539—541
Woltmann, Albrecht	GmbH und Stille Gesellschaft — eine Rechtsform mit Zukunft? GmbH-Rdsch. 1974 S. 156 ff.
Wündisch, Fritz	Die „Bilanzbündeltheorie" ist tot. Was nun? FR 1973 S. 204—208
Wulff	Ist die gewerbesteuerliche Behandlung des Aufspaltungs-Besitzunternehmens praktisch ein Schlag ins Wasser? StBp 1970 S. 88
Wurm, Carl/ Wagner, Hermann/ Zartmann, Hugo	Das Rechtsformularbuch, Straubing 1972
Zartmann, Hugo	Der Pachtvertrag bei der Betriebsaufspaltung, NB 1952 S. 83
derselbe	Überblick über die steuerliche Situation bei der Betriebsaufspaltung und ihre Vor- und Nachteile in heutiger Sicht, RWP-Blattei 14 Steuer-R D Betriebsaufspaltung I Überblick
Zartmann, Hugo/ Litfin, Peter	Unternehmensform nach Maß, Stuttgart 1970
Zinken, Wolfgang	Erfindervergünstigung trotz Betriebsaufspaltung? BB 1972 S. 1226/1227
Zintzen/Lüthgen	Auswirkungen der Organschaftslehre auf Vermögensverwaltungsunternehmen bei Betriebsaufspaltungen, BB 1957 S. 1177—1178
dieselben	Zur Gewerbesteuerpflicht von Vermögensverwaltungsunternehmen in Form von Personengesellschaften, BB 1957 S. 816
ohne Verfasser	Nachzahlungsverbot und Geschäftsführung bei Betriebsaufspaltung, GmbH-Rdsch. 1967 S. 151
ohne Verfasser	Betriebsaufspaltung: Übergang vom Besitzunternehmen zur Betriebsaufspaltung, DB 1970 S. 276

Schrifttumsverzeichnis

ohne Verfasser	Zur Nichterfassung von Besitzunternehmen, DB 1970 S. 904
ohne Verfasser	Überlassung von Wirtschaftsgütern und verdeckte Zuwendungen an Kapitalgesellschaften, DB 1970 S. 804
ohne Verfasser	Unterbeteiligungen und Besitzunternehmen, DB 1970 S. 1105
ohne Verfasser	Beteiligungsverhältnisse sowie Beginn und Ende von Besitzunternehmen, DB 1970 S. 1350
ohne Verfasser	Doppelgesellschaften und Nachzahlungsverbot, DB 1970 S. 2244
ohne Verfasser	Aktuelle Fragen aus der Praxis der Betriebsprüfung — Betriebsaufspaltung —, StBp 1971 S. 175 ff.
ohne Verfasser	Besitzunternehmen bei mehreren Mietverhältnissen, GmbH-Rdsch. 1971 S. 242
ohne Verfasser	Vermeidung und Wegfall eines Besitz-Personenunternehmens, DB 1972 S. 361—362
ohne Verfasser	Mehrfache Betriebsspaltung? DB 1971 S. 738
ohne Verfasser	Nachträgliche Erfassung von Besitzunternehmen, DB 1971 S. 1138—1139
ohne Verfasser	Grundstücksvermietung und Besitzunternehmen, DB 1971 S. 2285—2286
ohne Verfasser	Minderbeteiligungen und Besitzpersonenunternehmen, DB 1972 S. 1848
ohne Verfasser	Mitvermieter als Besitzmitunternehmer? DB 1972 S. 2089—2090
ohne Verfasser	Erwerb von durch die Mieterin-GmbH erstellten Bauten durch Gesellschafter, DB 1972 S. 2136
ohne Verfasser	Ist die erweiterte Kürzung des Gewerbeertrages nach § 9 Nr. 1 Satz 2 GewStG für Besitzunternehmen bei Betriebsaufspaltung möglich? — Widersprechende Rechtsprechung mehrerer Finanzgerichte, DB 1973 S. 28
ohne Verfasser	Testamentsvollstreckung und Besitz-Personenunternehmen, DB 1973 S. 28
ohne Verfasser	Verwertung von Erfindungen und Betriebsaufspaltung, DB 1973 S. 550
ohne Verfasser	Besitzpersonenunternehmen und Personenstandsveränderungen, DB 1973 S. 1875
ohne Verfasser	Nochmals: Besitzpersonenunternehmen und Personenstandsveränderungen, DB 1974 S. 214

Schrifttumsverzeichnis

ohne Verfasser	Minderjährige als Mitunternehmer, DB 1973 S. 643/644
ohne Verfasser	Besitzpersonenunternehmen und Erbbaurechtsbestellung, DB 1974 S. 1048
ohne Verfasser	Sachwertdarlehen und Pachtanlagenerneuerung bei Betriebsaufspaltung, DB 1973 S. 2424
ohne Verfasser	Betriebsaufspaltung: Darlehensforderung gegen Betriebs-GmbH-Zugehörigkeit zum notwendigen Betriebsvermögen des Besitzunternehmens, DB 1973 S. 2373/2374
ohne Verfasser	Erfindervergünstigung: Es bedeutet keine Auswertung im fremden Betrieb, wenn der Erfinder die Erfindung gegen Lizenz in seiner durch Betriebsaufspaltung entstandenen GmbH auswertet, DB 1974 S. 265/266
ohne Verfasser	Nachträgliche Erfassung von Besitzunternehmen und Eröffnungsbilanz, DB 1974 S. 503
ohne Verfasser	Betriebsaufspaltung — Bilanzierung der Mietgegenstände bei Besitzunternehmen, Anm. zum BdF-Erlaß vom 28. 12. 1973 — IV B 2 — S 2179 — 2/73, BB 1974 S. 25
ohne Verfasser	Betriebsaufspaltung: Vorläufige Entgelte an die Betriebs-GmbH, DB 1974 S. 849
ohne Verfasser	Gebäudeanlagen und Mietverträge zwischen Kapitalgesellschaften und ihren Gesellschaftern, DB 1974 S. 1262
ohne Verfasser	Pensionsrückstellungen für Gesellschafter-Geschäftsführer bei Umwandlung einer GmbH in andere Rechtsform, DB 1974 S. 1196
ohne Verfasser	Besitzunternehmen und ruhende Betriebs-GmbH, DB 1974 S. 1793
ohne Verfasser	Betriebsaufspaltung: Reservegelände und Besitzpersonenunternehmen, DB 1975 S. 326
ohne Verfasser	Betriebsaufspaltung: Sind an der Betriebs-GmbH nichtbeteiligte Mitvermieter Besitzunternehmer? DB 1975 S. 376
ohne Verfasser	Verdeckte Gewinnausschüttungen und Gewerbeertrag von Besitzunternehmen, DB 1975 S. 378/379
ohne Verfasser	Betriebsaufspaltung: Wesentliche Betriebsgrundlage und Besitzunternehmen, DB 1975 S. 477/478
ohne Verfasser	Erneuerungsbeschaffung durch Mieterin-GmbH und verdeckte Gewinnausschüttung, DB 1975 S. 955/956

Schrifttumsverzeichnis

ohne Verfasser	Betriebsverpachtung: Betriebsaufgabe mit Steuerklausel, DB 1975 S. 1435
ohne Verfasser	Aufgabe eines verpachteten Betriebes und Geschäftswert, DB 1975 S. 1476
ohne Verfasser	Zur Beendigung einer Betriebsaufspaltung DB 1975 S. 2013
ohne Verfasser	Gewinnrealisierung bei Begründung einer Betriebsaufspaltung? DB 1975 S. 2059
ohne Verfasser	Zur Betriebsteilung bei Veräußerung einzelner Wirtschaftsgüter an die Betriebs-GmbH, DB 1975 S. 2060
ohne Verfasser	Organschaftsverhältnis und Betriebsaufspaltung, DB 1975 S. 2107
ohne Verfasser	Sachwertdarlehen und Pachtanlageerneuerung bei Betriebsaufspaltung, DB 1976 S. 699
ohne Verfasser	GmbH als Organ einer KG — Sog. „umgekehrte Betriebsaufspaltung", DB 1976 S. 1038
ohne Verfasser	Besondere Gebäudegestaltung und Besitzunternehmen, DB 1976 S. 1457—1458
ohne Verfasser	Besteht die Gewerbesteuerpflicht des Besitzunternehmens nach einer Betriebsaufspaltung auch, wenn der Betriebsinhaber vor der Betriebsaufspaltung freiberuflich tätig war? DB 1977 S. 2306

STICHWORTVERZEICHNIS

(Die Hinweise beziehen sich auf die Randnummern der einzelnen Abschnitte.
Beispiel: B 8 = Randnummer 8 zu Abschnitt B)

A
Abschreibungsbefugnis
— der Verpächterin E 9—11, 44—46

Abschreibungsvergütung
D 13—14

Angehörige
C 44—46, 48

Anlagevermögen
— Abschreibungsbefugnis E 9—11, 44—46
— bei der GmbH u. Co. KG A 15, 43
— echte Betriebsaufspaltung A 5
— Substanzerhaltungspflicht der Pächterin A 31—33
— umgekehrte Betriebsaufspaltung A 11
— unechte Betriebsaufspaltung A 7
— Verpachtung an Betriebsgesellschaft A 5; C 19; D 5

Anteile an der Betriebsgesellschaft
— als notwendiges Betriebsververmögen der Besitzgesellschaft B 16; E 5—8
— Einheitsbewertung E 42
— Veräußerung E 8

Arbeitskräfte
— Bereitstellung C 6—10
— vertragliche Regelungen C 8—10

Aufgabe des Handelsgewerbes
B 6—12

Auflösung
— der Betriebskapitalgesellschaft G 1—14
— Darlehensforderung der Betriebskapitalgesellschaft G 11
— Erlöschen von Forderungen und Verbindlichkeiten G 12
— Pensionsrückstellungen G 7—8
— verschmelzende Umwandlung der Betriebskapitalgesellschaft auf die Besitzpersonengesellschaft G 3—14

Auseinandersetzung
— beim Tod des Einzelunternehmers oder eines Gesellschafters einer Personengesellschaft A 18

B
Belastungsvergleich A 30

Bereitstellung
— von Kapital C 6
— von Arbeitskräften C 7—10

Besitzunternehmen, -gesellschaft
— Aufgabe des Handelsgewerbes B 6—12
— BGB-Gesellschaft A 5
— Gesellschaftszweck C 4—5
— Rechtsform A 5; D 1—2
— Veräußerung des gewerblichen Betriebs D 26
— Verlustvorträge A 19

Betätigungswillen
— einheitlicher geschäftlicher Betätigungswillen als 1. Voraussetzung der Betriebsaufspaltung B 18—21; C 30—50
— Kapitalbeteiligung zur Durchsetzung eines einheitlichen geschäftlichen Betätigungswillen C 32—38
— Nießbrauch C 32, 42
— stille Beteiligung C 32, 40
— Stimmrechtsregelung C 32, 39
— Unterbeteiligung C 32, 41

Beteiligung
— mittelbare Beteiligung C 43
— Umfang der Beteiligungen an

Stichwortverzeichnis

der Doppelgesellschaft als Voraussetzung für die Betriebsaufspaltung B 18; C 32—38
— Zusammenrechnung von Beteiligungen naher Angehöriger B 17; C 44—46

Betriebsaufgabe
— keine Betriebsaufgabe bei Betriebsaufspaltung B 17

Betriebsaufteilung A 1

Betriebsaufspaltung
— Anerkennung, steuerliche B 13—22
— Begriff A 1
— Betriebsprüfung A 41
— Beurteilung im Handelsrecht B 1—12
— Beurteilung im Steuerrecht B 13—22
— Beweggründe A 14—38
— Bilanzielle Darstellung C 79—81
— Definition A 1
— Doppelbelastung, steuerliche A 27—30
— Durchführung, handelsrechtlich C 1—28
— Durchführung, steuerrechtlich C 29—76
— echte Betriebsaufspaltung A 4—6
— eigentliche Betriebsaufspaltung A 4
— einheitlicher Betätigungswille B 18—21; C 30—50
— Ersatzbeschaffung und Substanzerhaltung D 9
— GmbH und Co. KG A 42—47
— GmbH und Stille Gesellschaft A 48
— Gründe für eine Betriebsaufspaltung A 14—38
— Grundformen A 4—13
— Haftungsbegrenzung A 14—15; B 3—5
— Handelsgewerbe der Besitzgesellschaft B 6—11
— historische Entwicklung A 2—3
— Investitionszulagen F 2
— Kapitalbeschaffung A 20
— mitunternehmerische Betriebsaufspaltung A 13
— Nachteile A 39—41
— Nichtanerkennung der Betriebsaufspaltung C 75
— Rechtsprechung B 14—22
— rückwirkend vorgenommene Betriebsaufspaltung C 76
— Steuerbelastungsvergleich A 26—30
— typische Betriebsaufspaltung A 4
— umgekehrte Betriebsaufspaltung A 10—12
— umgekehrte Betriebsaufspaltung und GmbH und Co. KG A 47
— unechte Betriebsaufspaltung A 7—9
— uneigentliche Betriebsaufspaltung A 7
— Vererbung A 19
— Vergünstigung nach § 6 b EStG F 3—6
— Verlustvorträge A 19
— Zonenrandförderung F 1

Betriebsführungsvertrag C 22

Betriebsgrundstücke
— als wesentliche Betriebsgrundlagen C 54

Betriebsrat A 21, 22

Betriebsaufspaltung A 1

Betriebsunternehmen, -gesellschaft
— Gesellschaftsvertrag C 1—3
— Gesellschaftszweck C 5
— Rechtsform A 5; D 1—2

Betriebsverfassungsrecht A 21—22

Betriebsvermögen
— Anteile an der Betriebsgesellschaft als notwendiges Betriebsvermögen B 17; E 5—8

Stichwortverzeichnis

- Umfang E 3—8
- Wahlrechte bei normaler Betriebsverpachtung E 8
- Wiederbeschaffung E 4

Betriebsverpachtung E 8, 35

BGB-Gesellschaft A 5

Bilanzbündeltheorie G 11

Bilanzierung
- Anlagevermögen E 9—11
- Darstellung der Aufspaltung C 79—81
- Ersatzbeschaffungsanspruch D 9; E 12
- korrespondierende Bilanzierung E 12—14
- Pachterneuerungsrückstellung E 50
- Substanzerhaltungsrückstellung D 9; E 12

Brockhues-Gesellschaften A 2

Buchwertfortführung C 29

D

Darlehen
- als verdecktes Stammkapital bei der Einheitsbewertung E 71—73
- bei der Gesellschaftsteuer C 73—74
- bei der KSt E 48
- darlehensweise Überlassung des Umlaufvermögens C 21

Dauerpflegschaft
- Voraussetzung für Mitunternehmerschaft minderjähriger Kinder C 47

Dienstleistungen
- eines Gesellschafters E 51—54

Doppelbelastung
- der Betriebs-GmbH mit VSt und KSt A 28
- der ausgeschütteten Gewinne der Betriebs-GmbH A 12, 28

Doppelgesellschaft
- Auflösung G 1—14
- Begriff A 1

E

Ehegatten
- Zusammenrechnung von Beteiligungen von Ehegatten C 44—46

Einbringung
- der Besitzgesellschaft in die Betriebskapitalgesellschaft gegen Gewährung von Gesellschaftsrechten G 15—18
- des Umlaufvermögens der Besitzgesellschaft B 6

Einheitliche Gewinnfeststellung E 2

Einheitlicher geschäftlicher Betätigungswillen C 30—50

Einheitsbewertung
- Besitzunternehmen E 40—42
- Betriebsunternehmen E 68—70
- Darlehen als verdecktes Stammkapital E 71—73
- Firmenwert E 43
- GmbH-Anteile E 42
- Warenlagerdarlehen als Darlehensschuld E 70

Einkommensteuer
- Besitzunternehmen E 2
- GmbH und Co. KG A 42—47
- Personengesellschaften A 26
- Steuersätze A 12, 27—28

Einlage
- des Gründungsgesellschafters C 81
- einer Kapitalgesellschaft als Kommanditistin A 47
- mögliche Sacheinlagen C 19—21
- Prüfung von Sacheinlagen C 3

Erbfolge
- Vorwegnahme der Erbfolge durch Betriebsaufspaltung A 19

Erfindung
- keine wesentliche Betriebs-

157

Stichwortverzeichnis

grundlage C 59
— Verwertung im Rahmen einer Betriebsaufspaltung E 18—20
Ergebnisabführungsvertrag E 55
Ertragsteuern
— bei der Aufspaltung C 29—60
— laufende Ertragsteuern E 21—29, 44—63

F
Finanzielle Eingliederung
— Körperschaftsteuer E 55—56
— Umsatzsteuer E 38
Firmenrecht C 25—28
Firmenwert
— Ansatz bei der Besitzgesellschaft E 43
Forderungsabtretung C 11

G
Geschäftsaufgabe C 78
Geschäftsführergehalt A 34
Geschäftsführungsbefugnis
— der Besitzgesellschaft B 11
— kein Indiz für ausreichende Beherrschung C 50
Gesellschafter-Geschäftsführer
— Pensionsrückstellungen A 34
— steuerliche Behandlung der Geschäftsführergehälter bei der Betriebsgesellschaft A 34
— bei der GmbH und Co. KG A 44
Gesellschaftsanteile
— Veräußerung D 26
Gesellschaftsformen D 1
Gesellschaftsteuer
— bei der Aufspaltung C 73—74
— freiwillige Leistungen der Besitzgesellschaft E 74
— Sach- oder Geldwertdarlehen als verdecktes Stammkapital E 74
Gesellschaftszweck
— Änderung des Gesellschaftszwecks wegen Verpachtung B 11

— des Besitzunternehmens C 4
— des Betriebsunternehmens C 5
Gestaltungsfreiheit A 5; B 1
Gewerbebetrieb
— Besitz- und Betriebsunternehmen als selbständige Gewerbebetriebe B 16
Gewerbesteuer
— Auffassung des RFH B 4
— Erbbaurecht E 32—34
— Erlöschen der Gewerbesteuerpflicht E 35—60
— Erweiterte Kürzung nach § 9 Nr. 1 S. 2 GewStG E 26—29
— Hinzurechnung der Pachtzinsen E 59
— Hinzurechnung der Dauerschulden, -schuldzinsen E 61—63
— laufende Pachtzinszahlungen E 21—22
— Organschaft E 23—25
— Schachtelprivileg E 30—31
— Steuermeßzahlen bei der Aufspaltung A 28
— Unternehmenseinheit E 24
— Veräußerung der GmbH-Anteile E 36
Gewinnverwirklichung
— durch Aktivierung des Ersatzbeschaffungsanspruchs A 32—33; E 16—17
GmbH und Co. KG
— Haftungsbeschränkung A 15, 43
— im Vergleich zur Betriebsaufspaltung A 42—47
— steuerliche Behandlung der Gesellschafter-Geschäftsführervergütungen A 44
— steuerliche Vorzüge A 45
— Verbindung mit Betriebsaufspaltung A 46—47
GmbH und Stille Gesellschaft A 48
Gründung
— der Betriebskapitalgesellschaft C 1—3

Stichwortverzeichnis

Gründungsprüfung C 3
Grundbuch-Berichtigung B 12
Grunderwerbsteuer C 75
Grundstücke
— Verpachtung an Betriebsgesellschaft A 5; C 75, D 2
Grundstücksgesellschafter
— erweiterte Kürzung bei der Gewerbesteuer E 26—29

H
Haftungsbeschränkung A 14—15; B 3—5
Handelsgewerbe
— der Verpächterin/Besitzgesellschaft B 6—11
Handelsregister
— Eintragung des Besitzunternehmens B 9—10
— Eintragung des Gesellschafter-Geschäftsführers E 52
Hypothekengewinnabgabe D 22

J
Investitionszulagen F 2

K
Kapitalbeschaffung A 20
Kapitalbeteiligung
— Höhe der Kapitalbeteiligung als persönliche Voraussetzung für die Betriebsaufspaltung C 33—38
— mittelbare Beteiligung C 43
Kapitalgesellschaft
— als Betriebsgesellschaft A 5; C 1
— Doppelbelastung mit KSt und VSt A 28
— Form des Gesellschaftsvertrages C 1
— Gründung C 1
— Steuersätze A 28
Kapitalverzinsung D 15—17
Körperschaftsteuer
— Organschaft E 55—58

— Pachterneuerungsrückstellung E 50
— Reform A 28
— verdeckte Gewinnausschüttungen E 48
— kein wirtschaftliches Eigentum der Pächterin E 44—46
Kreditgewinnabgabe D 23

L
Leistungsaustausch
— kein Leistungsaustausch bei Ersatzbeschaffungen der Pächterin E 65
Lizenzen C 16—17

M
Management A 17
Maschinen
— als wesentliche Betriebsgrundlagen C 58
— Mietverträge C 12
Mißbrauch
— bürgerlich-rechtlicher Gestaltungsformen B 13; C 77
Mitbestimmungsgesetz A 23—24

N
Nahestehende Personen C 44—48
Nießbrauch C 32; C 42
Notwendiges Betriebsvermögen
— Anteile an der Betriebsgesellschaft als notwendiges Betriebsvermögen der Besitzgesellschaft B 17; E 5—8
Notwendiges Privatvermögen E 3

O
Organisatorische Eingliederung
— Körperschaftsteuer E 55—58
— Umsatzsteuer E 37—39
Organschaft
— gewerbesteuerliche Organschaft E 23

159

Stichwortverzeichnis

— gesetzliche Neuregelung E 56
— körperschaftsteuerliche Organschaft E 55—58
— umsatzsteuerliche Organschaft C 62; E 37—39

P

Pachterneuerungsrückstellung E 50

Pacht- und Betriebsüberlassungsvertrag
— Anlagevermögen C 19
— Ersatzbeschaffung D 9
— Form C 24
— möglicher Inhalt C 18—23
— Neuinvestitionen D 10
— ordnungsgemäße Betriebsführung und Instandhaltung D 8
— Pachtzins D 11—19
— Substanzerhaltung D 9
— Umlaufvermögen C 20—21
— Vertragsgegenstand D 4—7

Pachtzins
— Abschreibungsvergütung D 14
— Angemessenheit D 13; E 48—49
— Anhaltspunkte für Pachtzins D 13
— Kapitalverzinsung D 15—17
— niedriger Pachtzins D 12
— überhöhter Pachtzins D 11; E 48—49
— verdeckte Gewinnausschüttung D 11, 25; E 48—49
— Vergütung immaterieller Werte D 18

Pensionsrückstellung A 34

Pensionszusagen E 51—54

Personengesellschaft
— als Besitzgesellschaft A 5
— Steuersätze A 28

Produktionsunternehmen
— Preisvereinbarungen mit Vertriebsunternehmen D 25
— Produzentenhaftung A 14
— Rechtsform A 6, 11

— umgekehrte Betriebsaufspaltung A 11

Produzentenhaftung A 14

R

Rheinisch-Westfälisches Kohlensyndikat A 3

Rückstellungen
— Ersatzbeschaffung, Substanzerhaltung A 31—33

Rückwirkungsverbot
— bei der Betriebsaufspaltung C 76

S

Sacheinlage
— mögliche Sacheinlage C 19—21
— Prüfung C 3

Schachtelprivileg
— gewerbesteuerliches Schachtelprivileg E 30—31

Schuldbeitritt C 11

Schuldmitübernahme B 5

Schuldübernahme
— allgemein C 11; D 7
— Haftungsbegrenzung B 4
— Lieferungsverträge C 14—15
— Lizenzverträge C 16—17
— Miet- und Versicherungsverträge C 12—13

Selbstverbrauchsteuer C 72

Sonderausgaben
— VSt der Gesellschafter des Besitzunternehmens A 30

Stille Beteiligung
— als persönliche Voraussetzung für die Anerkennung der Betriebsaufspaltung C 32, 40
— als sachliche Voraussetzung für die Anerkennung der Betriebsaufspaltung C 59
— Vorwegnahme der Erbfolge A 19
— Stille Gesellschaft A 48

Stichwortverzeichnis

Stille Reserven
— keine Realisierung bei Betriebsaufspaltung C 29

Substanzerhaltung
— als Vorteil der Betriebsaufspaltung A 31—33
— Rückstellungen zum Zeitwert A 31
— Substanzwert D 15

Syndikate
— als Doppelgesellschaften A 3

T

Tarifbegünstigung
— des Übernahmegewinns G 5
— für Abfindungen von aufgelösten Pensionsrückstellungen G 10

U

Übernahmegewinn G 5

Umlaufvermögen
— darlehensweise Überlassung an die Betriebsgesellschaft A 5; B 6; C 21, 69
— Einbringung in Betriebsgesellschaft gegen Gewährung von Gesellschaftsrechten A 5; B 6; C 20, 71, 79
— Verpachtung des Umlaufvermögens C 20—21, 70
— umgekehrte Betriebsaufspaltung A 11
— unechte Betriebsaufspaltung A 7

Umsatzsteuer
— bei Durchführung der Aufspaltung C 61—72
— Einbringen beweglicher Sachwerte C 62
— Organschaft C 62; E 37—39
— Personalaufwendungen E 67
— Übernahme von Schulden C 62, 66
— Vorsteuerabzug E 66
— Warenlagerdarlehen C 69

Umwandlung
— der Besitzgesellschaft kraft Gesetzes in BGB-Gesellschaft B 11
— der Betriebskapitalgesellschaft auf das Besitzunternehmen G 3—12

Unterbeteiligung C 32, 41

Unternehmensform
— Wahlmöglichkeit B 1

Unternehmenskontinuität A 16—19

Unternehmereinheit
— Gewerbesteuer E 24
— Umsatzsteuer E 38

V

Veräußerungsgewinn C 29

Verbindung
— Betriebsaufspaltung/GmbH und Co. KG A 42—47

Verdeckte Gewinnausschüttung
— Bezüge von Gesellschafter-Geschäftsführern E 51—54
— überhöhte Preisvereinbarungen zwischen Produktions- und Vertriebsunternehmen D 25
— zu hoher Pachtzins als vGA D 11, E 48—49

Verdecktes Stammkapital
— bei der Gesellschaftsteuer C 73—74
— bei der Körperschaftsteuer E 48
— bei der Einheitsbewertung E 71—73

Vergünstigung nach § 6b EStG F 3—6

Vergütung für Wertverzehr D 14

Verlustvorträge A 19

Vermögensabgabe D 24

Vermögensbeteiligungsabgabe A 36—38

Vermögensteuer
— beim Besitzunternehmen E 40—43

Stichwortverzeichnis

— Doppelbelastung durch VSt A 29—30

Versicherungsverträge C 12, 13

Versorgungsverpflichtungen
— gegenüber ehemaligen Arbeitnehmern und gewerbesteuerliche Hinzurechnungen E 60

Vertragsbeitritt C 11

Vertragsfreiheit B 1

Vertragsgestaltung D 3—26; H

Vertrag zugunsten Dritter C 2

Vertriebsunternehmen
— Aufgabe A 6
— Haftung A 14
— Preisvereinbarungen mit Produktionsunternehmen D 25
— Rechtsform A 6
— umgekehrte Betriebsaufspaltung A 11

Verwaltungsleistungen D 20

W

Warendarlehen E 62

Wesentliche Betriebsgrundlagen
— Anlagevermögen D 5
— Betriebsgrundstücke C 54
— Betriebsräume C 55
— Darlehen C 59
— Definition C 52
— Erfindungen C 59
— Maschinenpark C 58
— mitunternehmerische Betriebsaufspaltung A 13
— stille Beteiligung C 59
— Überlassen als sachliche (2.) Voraussetzung für die Anerkennung der Betriebsaufspaltung B 19; C 51—60
— Umlaufvermögen D 6
— Umwandlung in GmbH und Co. KG A 15

Wirtschaftliche Eingliederung
— Gewerbesteuer E 23
— Körperschaftsteuer E 55—58
— Umsatzsteuer E 37—39

Wirtschaftliches Eigentum E 11, 44—46

Wirtschaftsausschuß A 21—22

Z

Zonenrandförderung F 1

Eine weitere Veröffentlichung von
Rechtsanwalt Dr. Gerhard Brandmüller

Die Rechtsstellung der Aufsichtsräte

im Handels- und Steuerrecht

1977, 100 Seiten.

ISBN 3-8005-6102-6

Schriften des Betriebs-Beraters, Heft 57

Die Aufsichtsräte sind seit geraumer Zeit in den Blickpunkt der Öffentlichkeit geraten. Eine Reihe von Zusammenbrüchen großer Gesellschaften mit zum Teil prominenten Aufsichtsratsmitgliedern hat die Frage aufgeworfen, ob das Kontrollorgan Aufsichtsrat und seine Mitglieder versagt haben. In der Öffentlichkeit wird dazu immer wieder die Frage gestellt, ob eine persönliche Inanspruchnahme einzelner Aufsichtsratsmitglieder nicht möglich ist. Der Verfasser zeigt hierzu die möglichen Haftungsnormen auf und behandelt eingehend alle sich daraus ergebenden Fragen für die Aufsichtsratsmitglieder, die Gesellschaften, die Gesellschaftsgläubiger und außenstehende Dritte.

Der durch das Mitbestimmungsgesetz 1976 neu in die Aufsichtsgremien großer Gesellschaften gelangende Personenkreis von Arbeitnehmern findet in der Broschüre alle wesentlichen Vorschriften zusammengefaßt und erläutert, die er als Aufsichtsratsmitglied beachten muß. Das reicht von den Aufgaben des Aufsichtsratsmitgliedes, seinen Rechten und Pflichten, seiner Haftung, dem Vergütungsanspruch bis hin zur steuerlichen Behandlung der Aufsichtsratsvergütung.

**Verlagsgesellschaft Recht und Wirtschaft mbH
Heidelberg**

Schriften des Betriebs-Beraters

Heft 10:	Grüll, **Anstellungsvertrag mit leitenden Angestellten**
Heft 13:	Grüll, **Die Konkurrenzklausel**
Heft 14:	Schindele, **Grundstücke und Gebäude in der Bilanz**
Heft 21:	Meeske/Hofmann, **Der Prokurist**
Heft 27:	Schleßmann, **Das Arbeitszeugnis**
Heft 31:	Wessel, **Die Firmengründung**
Heft 34:	Hässler, **Die Geschäftsführung des Betriebsrates**
Heft 35:	Hess/Marienhagen, **Betriebsratswahlen**
Heft 36:	Vogt, **Die Betriebs- und Abteilungsversammlung**
Heft 37:	Höhne/Heubeck, **Anpassung betrieblicher Ruhegelder**
Heft 38:	Eberstein, **Der Handelsvertreter-Vertrag**
Heft 39:	Meisel, **Die Mitwirkung und Mitbestimmung des Betriebsrats in personellen Angelegenheiten**
Heft 40:	Laux, **Die Zwischenfinanzierung von Bausparverträgen**
Heft 42:	von Schalburg/Kleeberg, **Die steuerliche Behandlung von Kulturgütern**
Heft 44:	Galperin, **Das Betriebsverfassungsgesetz 1972**
Heft 47:	Brandmüller, **Die Betriebsaufspaltung nach Handels- und Steuerrecht**
Heft 48:	Frotscher, **Steuern im Konkurs**
Heft 49:	Glockner/Böhmer, **Versorgungsausgleich bei Scheidung**
Heft 50:	Eberstein, **Die zweckmäßige Gestaltung Allgemeiner Geschäftsbedingungen im kaufmännischen Verkehr**
Heft 51:	Frotscher, **Betriebsprüfung ab 1977**
Heft 52:	Laux, **Bauen oder Mieten — eine finanzielle Vergleichsbetrachtung**
Heft 53:	Malzer, **Das Recht der Energielieferungsverträge**
Heft 54:	Hümmerich/Gola, **Personaldatenrecht im Arbeitsverhältnis**
Heft 55:	Troll, **Bewertung der GmbH-Anteile für die Vermögensteuer**
Heft 56:	Grüll, **Kündigungsrecht im Arbeitsverhältnis**
Heft 57:	Brandmüller, **Die Rechtsstellung der Aufsichtsräte im Handels- und Steuerrecht**
Heft 58:	Hess/Löns, **Berufsbildungsrecht**

Verlagsgesellschaft Recht und Wirtschaft mbH Heidelberg